할머니가 차린 토종씨앗 밥상과 달큰한 삶의 이야기

씨앗, 할머니의 비밀

김신효정 글 | 문준희 사진

소나무

이 도서는 한국출판문화산업진흥원 2018년 우수출판콘텐츠 제작 지원 사업 선정작입니다.

할머니가 차린 토종씨앗 밥상과 달큰한 삶의 이야기
씨앗, 할머니의 비밀

초판 발행일 2018년 11월 25일
2쇄 발행일 2019년 7월 17일

글 김신효정
사진 문준희
펴낸이 유재현
책임편집 강주한
마케팅 유현조
디자인 박정미
인쇄·제본 영신사
종이 한서지업사

펴낸 곳 소나무
등록 1987년 12월 12일 제2013-000063호
주소 경기도 고양시 덕양구 대덕로 86번길 85(현천동 121-6)
전화 02-375-5784
팩스 02-375-5789
전자우편 sonamoopub@empas.com
전자집 blog.naver.com/sonamoopub1

책값 15,000원
ⓒ 김신효정·문준희, 2018
ISBN 978-89-7139-835-7 03810

이 도서의 국립중앙도서관 출판예정도서목록(CIP)은 서지정보유통지원시스템 홈페이지 (http://seoji.nl.go.kr)와 국가자료공동목록시스템(http://www.nl.go.kr/kolisnet)에서 이용하실 수 있습니다. (CIP제어번호: CIP2018036344)

할머니가 차린 토종씨앗 밥상과 달큰한 삶의 이야기

씨앗, 할머니의 비밀

김신효정 글 · 문준희 사진

차례

책을 펴내며 _ 씨앗과 밥상에 깃든 할머니의 비밀을 찾아서 ·················· 6

봄

산나물아. 들꽃아. 오늘도 참 고맙다 | 경남 산청 임봉재 ·················· 14
쓰디쓴 인생 덕에 밀장이 다디달다 | 경남 함안 김순년 ·················· 40

여름

밥그릇 가득 생명이 국그릇 가득 희망이 | 경북 상주 문달님 ·················· 68
밥도 옥시기도 같이 먹어야 제맛이여 | 강원 횡성 이연수 ·················· 98

가을

꽃 암만 좋아도 사람 꽃이 제일 좋지 | 충남 부여 한건우 ·················· 122
못생기고 째깐해도 쉬나리팥이 으뜸이지 | 전북 임실 심옥례 ·················· 148

겨울

푸른독새기콩장 먹고 갑서양 | 제주 한림 김춘자·고란숙 ·············· 174

안동식혜 같은 인생이어라 | 경북 안동 고갑연 ·············· 198

또다시 봄

고사리 껑꺼다가 우리 아배 반찬하세 | 전남 순천 한숙희 ·············· 228

맺으며 ·············· 256

책을 펴내며
씨앗과 밥상에 깃든 할머니의 비밀을 찾아서

나는 먹방과 쿡방이 넘쳐나는 사회 속에서 살고 있지만 항상 배가 고프고 허기가 진다. 여기저기 맛집을 수소문해 찾아다녀도 항상 채워지지 않는 갈증이 있다. 왜 그런 것일까? 이토록 음식은 넘쳐나는데 왜 마음은 더욱 빈곤해지는 것일까?

우리는 매일 밥을 먹는다. 칠레와 베트남, 중국과 페루에서 날아온 재료들, 공장식 축산으로 키운 닭과 돼지, 유전자변형 식품(GMO)으로 가공된 양념, 노동자의 착취가 서려 있는 음식들로 차려진 국적 불명의 밥을 먹는다. '내가 먹는 것이 바로 나'라고 하는데, 나는 어떤 삼시 세끼를 먹고 있는 것일까? 대체 밥상의 재료들은 어디에서 오는 것일까?

안타깝게도 한국은 세계적으로 식용 유전자변형 식품 수입의 선두를 달리는 국가다. 한국 사람들이 매일 먹는 식용유, 두부, 된장, 물엿은 대개 유전자변형 콩이나 옥수수로 가공된다. 여전히 유전자변형 식품의 유해성과 안전성에 대해서는 논란이 많다. 한국과 달리 전 세계적으로는 유럽연합을 비롯해 많은 국가들이 유전자변형 식품의 수입과 재배를 법으로 금지하고 있다.

우리는 매일 먹는다. 미국 하버드 대학에서 발표한 한 통계에 따르면, 전 세계 경제의 50퍼센트 이상이 식량 체계와 관련되어 있다. 우리가 먹는 음식의 절반 이상은 '네슬레'를 비롯한 초국적 식품기업에 의해 가공 판매된다. 우리는 좁은 우리에 갇혀 GMO 사료와 항생제를 먹고 자란 돼지고기를 유기농 상추에 싸서 먹는다. 수많은 탄소를 발생시키며 수천 킬로미터를 날아온, 석유에 절여진 포도를 저렴한 가격에 사먹는다. 종종 '공정'무역 커피를 사 마시지만, 매일 버려지는 일회용 종이컵과 플라스틱 컵이 어디로 사라지는지는 생각하지 않는다. 미세플라스틱을 먹고 자란 연어와 홍합에 대해 크게 괘념치 않는다. 이 가게가 진짜 맛집인지 아닌지는 중요하지만, 어떤 재료를 사용하는지는 크게 상관하지 않는다.

게다가 무엇을 먹는가에 따라 계급과 계층이 나뉘는 시대다. 편의점 도시락으로 끼니를 때우는 도시의 가난한 청년에게 유기농은 패스트푸드의 대안일 수 있는가? 집도 없고 부엌도 없는 사람들에게 집밥은 누가 차릴 수 있는가? 도시를 떠나 농사를 지으면 해결이 되는가? 풀리지 않는 질문이 꼬리에 꼬리를 물었다. 가난해도 행복한 밥상을 먹고 싶었다. 비싼 돈을 내지 않아도 삶이 풍요로워지는 음식을 찾고 싶었다.

지속가능한 삶을 위해서 우리는 질문해야 한다. 내가 먹는 밥상이 어떻게 차려진 것인지를 말이다. 이것은 단순히 개인의 선택이나 취향 문제가 아니다. 밥상은 사회적으로 정치적으로 구성된 결과다. 농민 생산자가 어떠한 환경 속에서 먹거리를 생산하는지는 농민들만의 문제가 아니다. 유기적으로 생산된 건강한 음식을 소비할 수 있는 권리는, 꼭 더 많은 돈을 벌어서 더 많이 지불하면 되는 문제가 아니다. 지속가능하고 평등한 밥상을 위해 사회적으로 정치적으로 공론의 장에서 치열하게 말하고 설치고 떠들어야 한다. 먹거리는 우리 삶과 직결한 문제다.

이 책은 신자유주의 세계화와 기후 변화 아래 정치적·사회적으로 복잡하게 얽혀 있는 '우리의 밥상'에 관한 물음에서 시작되었다. 대안을 찾고 싶은 마음이 간절했다. 물음에 대한 첫 응답은 농사에서 시작되었다. 막상 농사를 들여다보니 또 다른 진짜배기 농사의 시작이 있었다. 바로 씨앗이었다. 쌀 한 톨과 콩 한 알이 우리 밥상의 첫 시작이었다. 하나의 씨앗이 제 키보다 두터운 흙을 헤치고 나와 싹을 틔우고, 수십 개 또는 수백 개의 씨앗으로 맺힐 때, 가장 반짝이던 씨앗만이 다시 땅으로 돌아가 싹을 틔울 수 있었다.

그러던 어느 날 씨앗이 더 이상 생명을 품을 수 없게 되었다. '몬산토'나 '카길'과 같은 초국적 기업들은 자연이 준 씨앗을 사유화하여 사람들에게 돈을 받고 판매하기 시작했다. 기업에서 판매하는 씨앗들은 농민들이 매년 씨앗을 사서 쓰게끔 개량된 불임종자였다. 생산량과 효율성의 논리로 무장한 개량종자들은 다양한 맛과 생명을 품어 왔던 토종씨앗의 자리를 대신하기 시작했다. 토종씨앗이 사라지기 시작했다.

사라진 토종씨앗에는 '커다란 비밀'이 하나 숨겨져 있었다. 바로 '할머니라는 비밀'이었다. 씨앗이 씨앗을 맺는 그 억겁의 시간 속에는 할머니가 있었다. 할머니의 손에서 손으로 씨앗이 지켜져 왔다. 할머니는 새나 쥐가 씨앗을 파먹지 않게, 오랜 장마로 씨앗이 썩지 않게 집안 구석구석 씨앗을 숨겨 두었다. 씨앗은 아무도 모르게 시어머니에게서 며느리에게로, 어머니에게서 딸에게로 이어졌다.

또 다른 비밀은 씨앗이 할머니의 손에서 밥이 되고 국이 되고 반찬이 되어 왔다는 것이다. 할머니의 씨앗은 철에 따라 지역에 따라 다양한 밥상으로 변신해 왔다. 씨앗은 할머니들에게 없어서는 안 되는 존재였다. 할머니들은 일본의 식민 지배와 전쟁 속에서도 씨앗을 지켜 냈다. 굶주림과 배고픔에 시달려도 씨앗을 놓치지 않았다. 왜냐하면 밥상도 농사도, 삶의 기쁨과 슬픔도 모두 씨앗에서 시작되었기 때문이다.

씨앗은 할머니의 비밀이 되어 갔다. 한국 사회의 급속한 근대화 개발 과정에서 씨앗도 할머니도 잊혀 갔다. 토종씨앗과 할머니의 경험과 지식은 낡고 쓸모없는 존재로 다루어졌다. 곧 사라질 비밀이었다.

할머니의 비밀을 밝혀야 했다. 사라지기 전에 기록해야 했다. 올해로 방년 79세. 이 책에 나오는 아홉 분 할머니들의 평균 나이다. 한국인의 평균 수명이 81세라는데 마음이 다급해졌다. 할머니들은 평생 토종씨앗으로 농사를 지어 밥상을 차려 왔다. 비밀 같았던 씨앗과 밥상에는 할머니의 진한 삶의 향기가 깃들어 있었다.

"죽기 전까지 내 손으로 내가 농사지어서 먹어야겠다."

할머니들은 숨이 멎을 때까지 씨앗도 호미도 손에서 놓지 않는다. 그러나 할머니들이 수십 년간 쌓아 온 농사의 기술과 씨앗의 지혜, 밥상의 노하우는 비밀에 부쳐져 왔다. 이제는 할머니의 손과 몸으로 기억해 온 삶의 보고를 밝혀야만 한다.

씨앗과 밥상에 담긴 할머니의 비밀에 귀 기울일 때가 왔다. 이제는 역사가 될 할머니들의 삶으로부터 미래를 찾아야 한다. 우리는 할머니들에 대한 경청과 돌아봄을 통해서 다음 세대를 위한 앞날을 준비할 수 있을 것이다.

"밥숟가락에 우주가 얹혀 있다."

김종구 농부시인의 시 구절처럼 이 책에는 밥숟가락에서 시작되는 할머니들의 우주가 포개어 있다. 할머니가 매일 차려 낸 밥상에는 언제나 다양한 계절이 담겨 있다. 봄, 여름, 가을, 겨울을 꼬박 살아 낸 여성 농민의 삶이 새겨져 있다. 자식들 먹일 뜨뜻한 밥을 짓는 어머니의 손길이 닿아 있다. 그녀들이 견뎌 온 일상의 고단함과 지독한 통증이 아로새겨져 있다. 그럼에도 불구하고 목구멍으로 우겨 넣어야 하는 시절의 무게가 매여 있다.

나는 할머니의 비밀인 씨앗 이야기를 밝히기 위해 2010년 할머니들을 찾아 나섰다. 횡성여성농민회에서 시작된 여성 농민들의 '토종씨앗 지키기 운동' 덕분에 비밀 속에 감추어져 있던 할머니들을 직접 만날 수 있었다. 계간지 『귀농통문』을 통해 2011년부터 전국 방방곡곡 할머니들의 씨앗과 밥상 이야기를 기록했다. 이 책은 2013년에 기획되었다. 나와 사진작가 준희는 할머니들을 만나기 위해 3년의 시간 동안 강원도와 경상도, 남도와 제주도를 쏘다녔다.

우리가 만난 할머니들은 강인하면서 눈물이 많았고, 단단하면서도 따뜻한 분들이었다. 온갖 차별과 가부장제의 핍박 아래 호미 하나로 생명을 일구어 온 여성들이었다. 그녀들은 굴곡진 시간 속에서 짓누르는 삶의 무게를 소화해 낸 존재들이었다. 나는 할머니들의 손에서 피어난 밥상을 만나면서 넝쿨처럼 얽혀던 질문들의 실마리를 풀어 나갈 수 있었다. 무엇보다도 할머니들의 풍요와 행복의 레시피를 찾을 수 있었다.

돈으로만 환산되는 화폐경제 중심의 세상 속에서 비밀에 부쳐져 온 여성의 지식과 노동, 삶의 지혜들을 발견해 가는 여정이었다. 짧고도 긴 여정 속에서 나는 스스로에게 묻고 또 물었다. 왜 나는 할머니들의 이야기를 쓰려고 하는가? 과연 내가 이 책을 쓸 자격이 있는가? 스스로에게 계속해서 되묻는 질문은 결국 할머니들의 삶을 '잘' 기록하고 싶은 마음이기도 했다. 그러나 내가 그녀들을 대상화하지 않고 삶을 미화하지 않으면서도 생생하게 기록했는가에 대해서는 도저히 고개를 들지 못하겠다. 그럼에도 불구하고 모자란 책이 나오기까지 참 많은 사람들이 선물을 주었다. 이 자리를 빌려 고마움을 전하고자 한다.

듣도 보도 못한 손녀딸에게 밥상을 차려 주고, 인생을 내어 주고, 마음을 나누어 준 할머니들에게 존경과 감사의 마음을 전합니다. 당신들이야 말로 우리 삶의 씨앗입니다. 할머니들을 만날 수 있게 실을 연결해 준 전국여성농민회총연합 활동가 동지들에게도 고마움을 전합니다. 당신들이 있었기에 이 모든 비밀은 온 세상에 밝혀질 수 있었습니다. 무엇보다도 이 모든 시작이 가능할 수 있게 씨앗을 심고 길러 주신 김은실, 장필화 선생님을 비롯한 이화여대 여성학과 선생님들에게 고개 숙여 감사드립니다. 긴 여정을 함께해 준 사진작가 문준희, 소나무출판사 식구들에게 특별한 감사를 전합니다. 언제나 자매애 가득 응원만 해주는 나의 친구들, 이화여대 여성학과 페미니스트 동지들, 농업먹거리 세미나의 든든한 동료들, 달과 나무 포럼의 에코 페미니스트 선생님들에게도 감사의 마음 전합니다. 너무 보고 싶고 그리운 엄마 故신회경과 외할머니 故배임호에게도 고마운 마음을 하늘나라로 보냅니다. 든든한 남동생 김동섭에게도 고마움을 전합니다. 포기하지 않게 언제나 옆에 있어 준 오래된 벗이자 남편인 이병주에게도 사랑을 전합니다. 글을 쓰는 내내 강아지 마루는 제 곁을 지켜 주었습니다. 찬란하게 맑게 반짝이는 당신들과 함께 서로에게 씨앗이 되고 밥이 되어 주면서 기대어 살아가겠습니다.

2018년 여름 연희동 궁동산 자락에서

봄

산나물아, 들꽃아, 오늘도 참 고맙다

경남 산청 임봉재

 봄 햇살이 피부를 간지럽히는 사월의 어느 날 임봉재 할머니를 만나기 위해 지리산 산청으로 향했다. 지리산으로 들어서니 공기의 결이 달랐다. 그날그날 황사와 미세먼지 농도에 따라 환기를 할지 산책을 할지 결정해야 하는 매캐한 서울과 달리 지리산의 공기는 청명하다 못해 투명했다. 지리산에서도 산으로, 골짜기로, 비포장도로를 굽이굽이 가다 보면 여기가 맞는지 의심이 들 때쯤 경남 산청군 단성면 중촌마을의 맨 꼭대기에 위치한 임봉재 할머니의 황토집에 도착할 수 있었다.

 "오느라 고생 많았죠? 차 한 잔씩들 해요."

 도착하자마자 직접 손수 만든 천연염색 옷을 입고 직접 손질하신 하얀 백발이 빛나는 임봉재 할머니가 우리를 반겨 주었다. 할머니는 오느라 고생 많았다며 밭 구석구석에서 자라고 있는 토종 박하잎을 따다 따뜻한 물을 부어 차를 내주었다. 처음 마셔 보는 토종 박하 차는 우리가 잘 알고 있는 페퍼민트보다 향이 더 은은하고 쌉쌀하면서도 단맛이 느껴졌다.

"밥 세끼 먹듯이 당연히 생명을 존중해야 하고 그런 거죠. 신앙인이라서가 아니라."

임봉재 할머니의 황토집은 간소하지만 지난 뜨거웠던 삶을 말해 주는 사진과 이야기들이 구석구석 숨겨져 있었다. 올해로 75세인 임봉재 할머니는 사실 할머니라는 호칭보다 회장님이라는 호칭이 더 어울리신다. 50년 가까이 가톨릭 농민운동에 자신의 삶을 바쳐 온 할머니는 여성으로서 최초의 가톨릭농민회 회장을 지냈다. 할머니에게 삶은 곧 운동이었고 운동이 삶이었다.

갑자기 하늘에선 봄비가 내리기 시작했다. 빗줄기가 더 굵어지기 전에 할머니를 따라 밭 구경을 하러 나섰다. 황토집 앞뒤로 펼쳐진 400평 텃밭은 밭이라기보다 마치 어여쁜 정원 같았다. 한편으로 할머니의 밭은 어떠한 인공적인 경계 없이 작물들 스스로가 군락을 이루어 사는 자연 생태계 그대로였다. 구석구석 자수를 놓듯이 정성들여 가꾼 야생화들만이 누군가의 손길이 있었음을 알 수 있었다. 수백 가지의 꽃과 풀이 한데 어우러진 텃밭은 상상 그 이상이었다. 곰달비, 잔대, 부지깽이나물, 방풍, 민들레, 취, 원추리, 익모초, 오가피, 두충, 두릅, 참나물, 신선초와 같은 산나물을 비롯해 토종 고추인 붕어초, 수비초, 배추, 상추, 쑥갓, 근대, 조, 기장, 수수, 콩, 녹두, 팥, 무, 부추, 방아, 야콘, 마늘, 제피(산초) 등 다양한 토종 작물은 이름을 대기가 숨찼다. 풀만큼 꽃도 많았다. 금낭화, 매발톱, 할미꽃, 옥잠화, 참나리, 복수초, 비비추, 앵초, 수선화, 제비꽃, 부처손, 바위단풍, 국화, 상사화, 모란 등 색색의 들꽃들이 수시로 피고 졌다. 할머니의 밭은 지리산과 어우러진 생명의 땅이었다.

"밭을 그대로 둬요. 매년 저절로 자라나요. 내가 노력하는 것보다도 수십 배

의 기쁨을 주는 거예요. 나는 별로 손 안 댔거든. 야들이 얼마나 많이 주노. 이만하면 만족하지. 안 부러워."

땅을 갈아엎지 않기 때문에 풀과 꽃은 따로 심지 않아도 대부분 매년 저절로 피고 진다. 집 뒤뜰에는 청포도, 보리수, 꾸지뽕, 치자, 홍매, 참빗, 가죽, 키위, 돌사과, 배, 자두, 청매실, 산수유, 살구, 옻, 구상나무 등이 구석구석 자라고 있다. 특히 난생 처음 본 토종 바나나인 어름꽃은 그 향이 어찌나 곱고 달짝지근한지 아직도 잊을 수가 없다.

밭으로 장 보러 가요

"고맙다. 잘 먹을게. 네가 벌써 이렇게 컸구나. 몰라봐서 미안해. 장하다. 좀 더 힘내라."

임봉재 할머니는 밭으로 장을 보러 가신다. 4월 늦봄의 밭은 참나물과 두릅, 엄나무순, 곰취, 신선초, 미나리가 먹기 좋은 제철 풀이다. 할머니는 저녁 찬거리 준비를 위해 노란색 플라스틱 장바구니를 한쪽 팔에 끼고는 밭으로 나선다. 할머니는 나물을 뜯을 때마다 안부 인사를 잊지 않는다. 나물을 뜯으면서 만나는 다른 풀들에게도 인사를 잊지 않으셨다. 할머니에겐 풀 한 포기도 귀하디귀한 생명이었다.

"저녁밥으로 산나물 뜯어서 무쳐서 샐러드 만들고 전도 좀 하고 국도 좀 끓여서 먹읍시다."

오늘 저녁은 산나물 생채와 무침, 산나물전, 어탕나물국이다. 김제에서 보내온 쌀과 소금을 제외하곤 모든 재료와 양념은 직접 농사를 지어 장만한다. 책으로 읽거나 들어보기만 했던 자급자족의 삶이다. 도시에서 끊임없이 소비만 하는 도시인들에게는 상상할 수 없는 자급자족 말이다.

밥에는 유기농 쌀에 갓 딴 녹차순과 작년에 농사지어 수확한 땅콩, 유월동부, 팥콩, 검정팥, 옥수수를 넣어 짓는다. 밥만 먹어도 보약이다. 산나물 생채는 갓 딴 부드러운 참나물, 미나리, 방아, 박하, 엄나무순, 두릅을 손으로 먹기 좋게 뜯은 후 양념으로는 할머니표 효소를 넣는다. 할머니표 효소양념은 직접 담근 포도식초, 간장, 달래효소, 매실효소, 생강즙, 유자즙을 적당히 섞어 만든다. 이외에도 검은깨와 참깨, 고춧가루, 마늘을 넣어 마무리한다. 향긋하고 보드라운 봄의 산나물들은 달콤하고 진한 효소를 만나 산뜻하면서도 짜릿한 맛을 혀끝에 전해 주었다. 알싸한 엄나무순과 박하잎이 달콤한 유자와 상큼한 매실 향에 둘러싸여 산나물 생채 특유의 생긋한 맛을 만들어 냈다.

"자, 맛있게 드세요. 반찬이 다 시퍼렇다. 일단은 이 전부터 먹어요. 나도 오랜만이야. 나도 부쳐 먹어야지 하다가 오늘에야 먹네. 아주 맛있어요. 두릅이랑도 찍어 잡숫고."

나물전은 갓가지 봄나물 뜯어 넣고 유정란, 소금, 된장, 고추장, 우리밀 통밀과 백밀을 반반 섞어서 장떡으로 부친다. 장떡은 찰지면서도 산나물의 향을 가득 품고 있어 입맛을 돋우었다. 거제도가 고향이신 할머니는 거제도 전통의 어탕나물국을 끓여 주었다. 제철 생선과 당귀, 민들레, 방풍나물을 넣어 푹 고아내었다. 걸쭉한 생선탕에 민들레와 방풍나물이 들어가 비릿한 맛을 잡아 준다.

함께 넣은 당귀는 달짝지근한 맛으로 입맛을 돋아 주어 겨우내 지친 기운을 살리는 데 더없이 좋은 봄의 영양식이었다.

할머니의 밥상은 하루하루의 일상이 담긴 밥상이었다. 어느 것 하나 할머니의 손을 거치지 않은 것이 없었다. 봄에는 씨앗을 뿌리고 여름에는 잡초를 뽑고 가을에는 거두어 겨울을 준비하는 하루하루를 꼬박 살아 낸 밥상이었다. 도시에서 철 모르며 살아가는 나에게 하루하루는 그저 속절없이 지나가는 시간들이다. 그러나 일 년을 고스란히 살아 내어야 차릴 수 있는 할머니의 밥상은 켜켜이 시간이 쌓여 있다. 할머니가 내어 준 따뜻한 밥 한 공기 뚝딱 해치우니 수상한 시절과 사람들에 지친 몸과 마음이 쭈욱 기지개를 켜는 기분이었다.

할머니의 보물 창고 '효소와 장아찌'

할머니의 황토집에는 보물로 가득한 방이 하나 있다. 그 방엔 제철마다 나는 갖가지 풀과 열매, 꽃으로 담근 효소와 장아찌로 가득하다. 이름도 생소한 보리수, 꽈리, 백련초로 만든 효소는 물론 당귀, 돼지감자, 취나물, 엄나무순, 산초 열매, 양파 등으로 만든 장아찌들이 빼곡하게 들어차 있다.

"효소는 3년을 숙성시켜서 걸러 먹고 남은 효소 찌꺼기는 퇴비로 사용해요. 버릴 것이 하나 없어요."

효소를 만들 때에는 여러 풀들을 섞어서 만들기보다 봄, 여름, 가을에 나는 풀들을 각각 따로 나누어 담근 후에 마실 때에 섞어서 마신다고 한다. 이를테면 편백효소와 소나무효소는 따로따로 담갔다가 먹을 때 섞어 마시면 좋다.

할머니만의 또 다른 효소 비법은 더 진한 풍미를 위해 어울릴 만한 효소의 친구를 찾아 주는 것이다. 솔잎효소를 만들 때는 솔잎과 함께 솔방울과 소나무순을 넣어 주고 편백효소를 만들 때에는 편백잎과 편백열매를 함께 넣어 준다. 여기서 중요한 포인트 하나는 설탕과 재료를 1대 1로 넣은 후 이전에 담가둔 효소를 함께 넣어 주는 것이다. 할머니는 새로운 효소를 만들 때마다 기존에 있던 효소 찌꺼기를 함께 넣는다. 식초를 만들 때도 식초 찌꺼기를 새로 만드는 식초에 넣어서 쓴다. 기존의 효소 찌꺼기나 효소액은 새로운 효소를 만드는 데 발효를 위한 좋은 씨앗이 되는 것이다.

"장아찌 만들 때도 효소를 넣어요. 그래야 발효도 돕고 좋아요."

장아찌는 만들고 싶은 재료에 할머니표 비법간장을 넣기만 하면 된다. 비법간장은 조선간장에 식초와 물을 1:1:1로 동일한 비율로 넣은 후 함께 끓인다. 보글보글 끓인 간장이 완전히 다 식고 나면, 앞서 넣어 준 물과 같은 양의 효소를 부어 준다. 간장을 식히는 이유는 효소를 살리기 위해서다. 살아 있는 효소가 장아찌 재료의 발효를 돕는다.

"뒷간에다 할미꽃을 뿌리째 한두 뿌리 넣어 두면 냄새가 안 나요. 할미꽃으로 효소를 만들어서 천연 농약으로 쓰죠."

할미꽃 덕분인지 할머니네 생태뒷간은 어떠한 역한 냄새가 나지 않았다. 깨끗하게 위생처리 된 수세식 화장실과 달리 물을 쓰지 않고 내가 먹은 것들이 땅으로 돌아가게 하는 생태뒷간은 오히려 마음을 편안하게 만들었다. 우리는 도시에서 온갖 화학물질에 둘러싸여 살아간다. 내가 살아가는 장소만이 아니

라 내 몸 또한 말끔하게 만들기 위해 기업이 판매하는 수많은 화학제품을 사용한다. 그러나 손쉽게 돈으로 살 수는 없지만 내 손으로 자연에서 직접 얻어 쓸 수 있는 것들이 있다.

할머니는 효소를 먹기도 하지만 천연 농약과 퇴비로 쓰기도 한다. 어성초, 할미꽃 효소는 훌륭한 천연 농약이다. 이들 효소를 물에 섞어서 작물에 뿌리면 벌레와 해충을 막아 준다. 목초액은 노린재를 잡을 때 사용하는데 아궁이에 불을 땔 때마다 굴뚝에서부터 흐르는 목초액을 잘 받아 두어 쓴다. 동그란 대야에 물과 이엠, 목초액을 섞은 후 풀에 붙은 노린재를 대야에 털어 담은 후 뚜껑을 덮어 놓으면 노린재를 없앨 수 있다. 양파껍질도 물에 우려서 해충 기피제로 쓸 수 있다. 장날에는 상인들로부터 생선 찌꺼기를 받아다가 효소 찌꺼기와 깻묵을 넣어서 삭힌 후 물을 따라 내어 애벌레 기피제와 액비로 사용한다. 이렇다 보니 할머니에게 효소는 진정 '孝'소인 셈이다.

효소는 천연 농약뿐만 아니라 훌륭한 퇴비도 된다. 생태뒷간에서 재와 함께 모은 똥과 오줌, 잡목과 효소 찌꺼기를 넣어 삭히면 영양가 높은 천연 퇴비가 된다. 할머니는 설거지물도 모두 모아 밭에 뿌린다. 화학세제를 사용하지 않으니 설거지한 물도 좋은 거름이 된다. 할머니의 일상에 쓰레기라는 것은 존재하지 않는다. 모든 것은 자연에서 얻고 또 다시 자연으로 돌아간다. 모두에게 이로운 삶, 바로 할머니가 살아온 삶의 방식이다.

효소의 역사, 유기농의 역사

요즘은 건강에 조금이라도 관심이 있는 사람이라면 누구나 효소에 대해서 들어봤을 것이다. 여성들 사이에선 효소 다이어트도 한창 유행했었다. 과연 효소는 한국에서 언제부터 어떻게 만들어지기 시작했을까? 나는 할머니로부터 효소의 역사에 대해서 들을 수 있다.

할머니 말에 따르면 한국에서 효소 만들기는 1970년대 말 가톨릭농민회에서 시작되었다. 1970년대 소농·가족농 중심이었던 한국 농촌은 변하기 시작했다. 세계적으로도 녹색혁명의 기조가 펄럭이던 시절 박정희 정권은 농민들에게 화학비료와 농약을 사용하는 화학농법과 기계 사용을 장려했다. 농민들도 더 많이 생산하기 위해 농약과 화학비료를 사용하며 더 크게 농사를 짓기 시작했다. 그러던 어느 날 농사를 짓던 사람들이 갑자기 쓰러지거나 죽어 갔다. 바로 제초제와 농약 중독 때문이었다.

"당시 가톨릭농민회에서 어떻게 하면 사람들을 살릴 수 있을까? 한 날은 일본에서 효소를 아침저녁으로 마시면 농약 중독을 해독할 수 있다는 거예요. 그래 가지고 일본에서 효소 씨를 받아 왔어요. 효소를 만들 때 이 씨를 넣어서 발효시키는 거예요."

할머니는 가톨릭농민회 상근자로 일을 하면서 전국을 돌아다니면서 농민들을 대상으로 효소 교육을 했다. 아직도 잊을 수 없는 기억에 남는 교육은 효소를 만들기 위해 마을 사람들과 산에서 300킬로그램에 달하는 약초를 모아서 작두로 한참 동안 풀을 자르고 또 잘랐던 날이다.

사실 지금의 '한살림'은 할머니가 반평생 이상을 헌신해 온 '가톨릭농민회'에서 시작되었다. 유기농은 1980년대 초 농민들이 농약 중독으로 쓰러져 가는 가운데 처음엔 농약을 줄이자는 운동에서 시작되었다. 농민들은 농약을 차츰차츰 줄이다가 결국 농약을 사용하지 않는 유기농을 시작하게 되었다. 그러나 농민들이 농약을 쓰지 않고 어렵게 지은 농산물은 아무 시장에서 팔 수 없었다. 유기 농민의 마음을 알아주는 소비자에게 유기 농산물을 팔기 위해 먹거리 교육을 하는 서울 강북구 미아리 지역 주부들과 직거래를 하게 되었다. 처음엔 가톨릭 본당을 중심으로 직거래를 하다가 소비자가 늘어나면서 한살림으로 조직화되었다.

"유기농은 건강을 살리고 밥상을 살리고 땅을 살리는 거지, 나만 건강하자고 내 건강만을 위한 것이 아니에요."

땅은 농민들만 살리는 게 아니고 음식을 먹는 소비자들도 땅을 살리는 역할에 기여해야 한다. 할머니는 '먹거리 시민'이라는 어려운 개념을 사용하지 않아도 매일 밥상을 차리고 밥을 먹는 우리들에게 좀 더 생명과 땅을 생각할 것을 일깨워 주었다. 사실 많은 사람들이 어떠한 방식으로 생산되고 유통되었는지 관심이 없다. 어떤 이는 나와 가족의 건강을 위해 오로지 '유기농'이기만 하면 된다고 한다. 그러나 유기농이라고 해서 모든 먹거리가 유기적으로 생산되고 유통되는 것은 아니다. 어떤 유기농은 이주노동자의 노동을 착취하여 생산되기도 하고, 어떤 유기농은 유통업체의 가격 후려치기로 인해 유기 농민의 고통과 희생으로 생산된다. 한편 공장에서 대량으로 생산된 유기 제재의 고투입 생산 방식도 문제다. 예를 들어 한국의 비닐하우스에서 생산하는 유기농 토마토는 비쌀 수밖에 없다. 토마토 종자와 꿀벌, 유기 투입물을 모두 유럽에서 수입해서 토마토를 기르기 때문이다. 이런 토마토를 사먹을 수 있는 사람이 과연 몇 명이나 되겠는가. 가난할수록 더 건강한 음식을 먹어야 함에도 한국에서 생명을 살리는 밥상을 먹을 수 있는 사람은 많지 않다.

모든 생명의 시작 '씨앗'

"내가 농민들을 만나면 항상 내한테 하는 질문이 무엇을 지어야 돈이 됩니까?"

할머니는 가톨릭농민회에서 반평생 일을 하며 많은 농민들을 만나 왔다. 할머니가 농민들을 만날 때면 답하기 어려운 질문 중에 하나가 무엇이 돈이 되는 농사냐는 질문이다. 농사는 본디 그 자체가 생명이다. 그러나 녹색혁명을 통한 산업화·근대화 이후 어느새 농사는 공장 상품을 찍어 내듯 대량생산 체제로 변했다. 더 많이 생산하기 위해 개량종자를 심고 공장에서 생산된 비료와 농약을 뿌려댔다. 돈이 되지 않는 토종씨앗과 전통적으로 내려오던 농사 지식은 사라져 갔다. 그러나 씨앗을 지켜 내지 못하면 밥상을 지켜 낼 수가 없다. 기업이 모든 씨앗을 독점한다면 농민의 주권은 물론 밥상의 주권도 사라진다.

"내가 아프리카 말리라는 나라에 갔었어요. 거기서 씨앗이 참 중요하다는 걸 깨달았어요."

할머니는 1985년에 가톨릭농민회 상근자로 아프리카에서 열린 가톨릭농민회 국제연맹 총회에 참석했다. 할머니는 멀고 먼 아프리카에서 우리의 씨앗이 얼마나 중요한지를 깨달았다. 할머니는 당시 아프리카 말리에 갔었는데 대부분의 사람들이 먹을 것이 없어 기아에 시달리고 있었다. 땅은 사막화되어 비가 내려도 땅이 물을 머금지 못했다. 그런데 놀라운 것은 원래 말리라는 나라는 풍요로운 나라였다는 사실이다. 수십 년 전 말리는 황금색 벼가 출렁이는 땅이었다. 그런데 어쩌다 이곳 사람들은 기아에 허덕이게 되었을까? 여기엔 슬픈 역사가 담겨 있다.

과거 프랑스, 영국, 스페인의 유럽 열강들은 앞다투어 아프리카에 식민지를 건설했다. 이들은 아프리카의 식민지에서 파인애플, 사탕수수 등의 대농장을 만들었다. 플랜테이션 형태의 대농장에서 작물들은 단작화되었고 생산량을 유지하기 위해 막대한 양의 화학비료가 뿌려졌다. 결국 100년이란 시간이 지나는 동안 땅은 생명력을 잃고 죽어 버렸다. 그러나 씨앗과 땅을 지켰던 말리의 옆 나라 코트디부아르에서는 벼들이 노랗게 익어 가고 있었다. 아프리카라고 모든 땅이 사막은 아니다.

"한국도 돈을 벌려고 특용작물이다 뭐다 단작으로 계속 심다 보면 종자도 잃고 땅도 잃어버릴 수가 있어요. 돈이 안 되도 논은 꼭 지켜야 해요."

할머니는 벼농사가 돈이 되지 않아도 지켜야 한다며 논이란 물을 가둬 두는 땅이라고 목소리를 높였다. 그러나 20년 넘게 오르지 않는 쌀값으로 인해 농민들은 논을 갈아엎고 있는 상황이다. 더욱이 2015년 정부가 쌀 수입을 전면 허용하면서 농민들의 시름은 더욱 깊어 가고 있다.

그렇다고 우리의 것, 진짜 토종만을 고집하는 것만이 답은 아니다. 사실 고추

도 외래종이었으나 한국에서 토착화되었고 한국 음식에는 빠지지 않는 중요한 양념이 되었다. 할머니는 이런 고추처럼 우리의 땅에서 자생하여 해마다 심어 먹을 수 있는 씨앗이라면 그게 바로 토종이 될 수 있다고 말했다. 그래서일까, 할머니의 밭에는 스리랑카뿐만 아니라 지구 반대편의 열대에서 온 토종 고추들이 한국의 토종 고추인 수비초와 붕어초 옆에서 마치 형제인 양 함께 자라고 있었다. 토종은 단지 우리의 옛것을 되살리는 것만을 의미하는 게 아니다. 토종은 다양한 영양, 다양한 맛, 다양한 생물의 생산성을 높이는 것이기도 하다.

이제는 더 많은 양을 추구하는 생산성의 가치에서 벗어나 음식의 맛과 영양을 함께 고려하는 생물다양성으로 '밥상의 패러다임 전환'이 필요하다. 사람을 살리는 건강한 밥상을 차려 내는 것이 절실하다.

자급자족, 생명살림의 페미니스트

임봉재 할머니는 한국 최초의 가톨릭농민회 여성 회장이었다. 할머니는 자급자족을 일상에서 실천하며, 매 순간 생명을 돌보는 생명살림의 페미니스트다. 할머니는 물 한 방울도 오줌 한 방울도 헛되이 쓰지 않았다. 빗물은 모아서 청소를 하거나 밭에 뿌렸다. 식사 준비와 설거지로 생긴 물은 열 번이고 부엌과 밭을 오가며 모두 밭에 뿌렸다. 설거지는 화학세제 없이 말린 수세미를 사용하기에 땅에 해로울 것이 하나 없다. 오줌과 똥은 생태뒷간에서 재와 함께 퇴비가 되어 땅으로 되돌아간다.

할머니는 밭에서 난 것들을 자급자족하기에 애초에 쓰레기라는 게 존재하지 않는다. 땅에서 난 것을 먹고 몸에서 난 것을 다시 땅으로 돌려보낸다. 나무를 잘라 아궁이를 때고 이때 생긴 목초액은 모아서 해충을 잡는 데 쓴다. 장독대 곳간과 돌담, 물길은 몇 년이 걸리더라도 혼자서 천천히 손을 본다. 할머니는 목수였던 아버지를 어깨너머로 보고 자랐기에 무엇이든 자신이 있다.

"30년이 넘었죠. 병원 한 번 안 갔어요. 몇 해 전에 밭에서 일하다 발목 인대가 끊어져 정형외과 가서 깁스만 한 채 집에서 몇 달을 고생했죠. 그래도 병원에 안 갔어요."

할머니는 30년째 병원에 가 본 적이 없다. 조금만 아파도 병원에 가서 주사를 맞거나 약을 먹는 요즘 사람들이 들으면 믿지 못할 이야기다. 사실 할머니가 아프지 않은 것은 아니었다. 할머니도 감기에 걸리고 배도 아프고 다치기도 한다. 그러나 항생제와 화학약품이 아닌 내 몸에 맞는 방식으로 자가 치유한다. 사실 할머니도 젊었을 때에는 몸의 신호를 읽지 못했고 잘 알지 못했다.

"늘 응급실 가고 수면제, 신경안정제, 두통약, 각성제를 달고 살았어요."

"인생이란 좀 멈추고 쉬어 가며 살아가는 게 중요해요. 잠시 숨을 좀 멈추고. 멈춰 가는 게 필요해요. 근데 나는 정작 옆을 못 보고 살았죠. 요즘은 멈춰 가며 살려고 노력해요. 아침에 눈을 뜨면, 하느님 감사합니다. 오늘 하루를 또 주셨네요. 감사할 뿐이지요."

할머니는 젊은 시절 가톨릭농민회 상근자로 8년 동안 일하면서 휴가 한 번 쓰지 않고 일을 했다. 늘 심장병, 빈혈, 불면증, 편두통에 시달렸고 온갖 약을 달고 살았다. 그러던 중 가톨릭농민회에서 건강교육 담당자로 일을 하면서 몸을 다스리는 데 관심을 가지게 되었다. 할머니는 농민들을 모아 단식, 태극권, 요가, 기 운동, 수지침 등을 함께 배웠다. 내 몸을 이해하고 돌보기 시작하면서 더 이상 약에 의지하지 않고 살 수 있었다. 결국 할머니는 몸의 메시지에 귀 기울이면서 몸을 돌보는 자신만의 길을 찾았고 감정과 육체, 영혼을 치유할 수 있었다.

"나는 인간답게 살고자 '농민운동'을 시작했다."

할머니의 운동은 사람대접을 받기 위한 투쟁이었다. 그렇다면 사람답게 사는 것이란 무엇인가? 물질적인 것인가? 우리는 언제 사람답게 사는 것을 느끼는가? 할머니는 사람들은 기쁘고 즐거울 때 살아 있다고 느끼고, 자신에게 농민운동은 웃고 만족하고 즐겁게 사는 것이었다고 말했다. 그래서 할머니는 농민운동도 농사일도 참으로 즐겁다고 했다. 평생 성실히 살아 왔건만 자신의 인생은 마치 텃밭이 주는 선물처럼 들인 노력에 비해 더 큰 행복을 받아 왔다고 고마움을 전했다.

후배 페미니스트들에게 보내는 러브레터

"여성 농민으로 산다는 것은 어떤 건가요?"

나의 짧은 질문에 할머니는 눈시울을 붉혔고 이내 눈물을 떨구었다. 할머니는 10년간 아픈 어머니를 지금 사는 지리산 황토집에서 돌보았는데 몇 해 전 세상을 떠나셨다고 한다. 할머니의 어머니는 독실한 가톨릭 신자였고 10남매를 내리 낳으셨다. 아버지가 일찍이 사고로 허리를 다쳐 일을 할 수 없었기에 어머니는 열두 식구의 생계를 책임졌다. 어머니는 동생을 낳은 그날에도 피 묻은 이불보를 빨러 빨래터에 나갔다.

"어머니가 내 힘이고 근원이죠. 농민운동을 시작하고 계속해서 지속하게 한 동기가 어머니예요. 내 어머니가 여성 농민이니까."

그러나 할머니는 절대 어머니처럼 살고 싶지 않았다. 할머니가 어릴 적 배운 교리는 하느님의 자녀는 모두 평등하다고 말하는데 왜 세상은 평등하지 않은지 이유를 알 수 없어 참으로 서글펐다고 했다.

할머니는 '딸'이라는 이유로 태어나서도 이름을 갖지 못했다. 할머니가 서너 살일 때 일본 순사가 호구조사를 하러 왔는데 그제야 할머니의 할아버지는 자신의 손녀가 봉재(사순절의 옛말) 때 태어났으니 '봉재'라고 지으라고 했다.

"집안 형편이 여의치가 않아서 학교를 갈 수가 없었어요. 오르간을 치면 수녀원에 갈 수 있다는 이야기를 듣고 독학으로 오르간을 배웠어요."

공부를 하고 싶었고 공부하기 위해 피아노를 배워 수녀원에 들어갔다. 다행히 수녀원에서 졸업장을 땄고 교사로 안정된 일을 할 수 있었지만 고향의 아이들이 생각났다. 그 길로 가난해서 배우지 못하는 아이들을 가르치기 위해 수녀원을 나와 고향인 거제도로 돌아왔다. 고향에서 아이들을 가르치는 것은 물론 농민들을 위한 신협운동과 보육운동에도 적극적으로 참여했다. 할머니는 1976년 여성 농민을 위한 농촌여성회를 조직하였고 〈농촌부녀〉라는 소식지를 만들면서 여성 농민들을 위한 교육을 시작했다. 덕분에 가톨릭농민회 내에 여성부가 만들어질 수 있었다.

"농사가 힘들어요. 너무 고달픈 일이지요. 경제적으로 사회적으로 많이 힘들어요. 그래도 우리는 이 자리를 지켜야 되는 거고. 농업에는 우리 여성 농민들이 중요해요. 우리나라 농업이 이만큼 유지될 수 있었던 건 다 여성 농민들 덕분이에요. 지금 우리 밥상은 다 할머니들 손에서 만들어진 것이거든요."

할머니는 여성 농민은 위대한 존재라고 말했다. 1970~1980년대 개발의 광풍 아래 젊은이들은 모두 도시로 떠나고 농촌을 지켰던 이들은 여성 농민들이었다. 할머니는 앞으로도 농업에서 여성 농민의 역할이 더욱 커질 것이라고 말했다. 특히 씨앗과 관련해서 여성은 큰 역할을 하고 있는데 종자라는 것이 성별 분업으로 인해 여성의 손에서 세세하게 키워지고 지켜져 왔기 때문이다. 따라서 여성 농민 스스로가 씨앗을 지켜 온 존재로서 귀중함과 소중함을 인식하는 것이 필요하다.

"여성 농민들이 내 자신이 없어서는 안 될 존재라고 생각하는 게 가장 중요한 것 같아요. 나는 작물들도 안다고 생각해요. 교감을 해요. 여성 농민이 긍지를 가지면 작물들도 더 잘 크죠."

"씨앗을 지키는 데 여성들의 역할이 있어요. 농업의 생명, 종자 문제는 세세하게 봐야 하고. 그런 것은 여성들이 해왔고. 나는 여성 농민들이 자긍심과 자부심을 가지고 주눅 들지 않고 살면 좋겠어요."

임봉재 할머니의 말처럼 농촌의 희망은 나로부터 나오는 것이고 내가 스스로 희망이 되는 것이다. 당신이란 존재 자체가 희망의 증거다.

쓰디쓴 인생 덕에 밀장이 다디달다

경남 함안 김순년

　미세먼지가 세상을 뒤덮었다가 다시 맑아지기를 반복하던 어느 봄날, 우리는 따뜻한 5월의 밥상을 만나기 위해 함안으로 향했다. 이번에 만날 토종밥상은 함안에 사는 올해로 일흔아홉인 김순년 할머니의 밥상이다. 김순년 할머니는 직접 토종 밀농사를 지어 밀장을 담근다. 밀장은 한 해씩만 두고 먹는 달달한 장이다.

　김순년 할머니는 여성 농민운동에서 중요한 역할을 도맡고 있는 김미경 전 전국여성농민회총연합 사무총장의 시어머니다. 나는 2010년에 석사논문 연구를 위해 횡성과 함안 두 지역을 오갔다. 당시 함안에서 연구를 진행하는데 김미경 전 사무총장은 다양한 도움을 주었다. 이번에도 며느리인 김미경 전 사무총장의 도움으로 김순년 할머니의 밥상을 만날 수 있었다.

　"이 동네는 인심이 좋기로 유명하다 아이가."

　김순년 할머니는 인심이 좋기로 유명한 함안군 대산면 장암리 장포마을에 산다. 장포마을은 예부터 동박골이라고도 불렸다. 한겨울이면 새빨간 동백꽃이 마을 곳곳에 피어나기 때문이다. 동박골은 낙동강과 남강이 합류하는 곳이기도 하다. 박정희 정권 때 제방이 만들어져 지금은 물길의 흔적을 찾기가 어려워졌지만, 제방이 생기기 전에는 여름마다 강물이 가득 차서 길이 사라졌다. 여름에는 사라진 길을 대신해 산을 넘어야지만 동박골로 갈 수 있었다. 여름이면 범람하는 강물 때문에 길이 보이지 않아 불편한 점도 있었지만 며칠 간 물이 들었다 빠지고 나면 냇가에 물고기가 천지였다. 그 덕에 동박골의 여름에는 민물고기찜이 별미 중에 별미였다.

"흐물흐물하게 녹을 때까지 푹 찌지가 먹는다. 무우를 많이 넣고 물고기를 창자 꺼내가 깨끗하게 씻어 가지고 가마솥에다가 소꾸라. 삶아야 되는 기라. 계속 쫄이야 된다."

'시어'는 동박골 사람들이 먹던 민물고기찜을 말한다. 가을이 되어 저수지에 물을 빼면 저수지 바닥에 손바닥 크기의 민물고기가 가득했다. 가마솥에다 손질한 생선과 큼직하게 썬 무를 넣은 후 마늘, 고춧가루, 된장 양념을 듬뿍 넣고 푸욱 졸여서 먹는다. 생선이랑 무가 흐물흐물해질 때까지 고아서 먹는데 무엇보다 동네 사람들과 함께 나누어 먹는 재미가 컸다.

"요게는 결혼 하고 일 년 있다가 시집을 온다. 스물두 살에 시집을 왔지. 스물세 살에 낳은 딸이 이제 오십넷이 됐다. 내는 창녕군 아나? 창녕군 장마면 산지리라고 산동네에 있다. 김해 김가만 산다. 딴 성씨는 안 산다."

"요가 낙동강하고 남강하고 강이 세 개가 만나. 강 건너 의령 지정, 창녕 남지, 함안 대산 요렇게만 밀장을 해먹는다."

낙동강과 남강이 합류하는 이곳은 창녕군, 함안군, 의령군이 맞닿아 있는 경계기이기도 하다. 김순년 할머니는 강 건너 창녕에서 배를 타고 함안으로 시집을 왔다. 강을 마주한 이 세 지역은 풍습도 비슷하고 밥상도 많이 닮아 있다. 밀장도 이 세 지역에서 예부터 해먹던 음식이다. 또 다른 재밌는 풍습은 이 세 지역에서는 결혼을 하고 나서 일 년이 지난 후에 며느리가 시댁으로 들어가 살 수 있었다. 할머니는 스물한 살에 결혼을 하고는 스물두 살에 시댁이 있는 동박골로 들어왔다.

"애나 클 때는 배를 많이 곯았지. 배가 고파서 메주에 붙은 콩을 떼서 묵었다. 배고파서 콩 반쪽씩 칼로 떼묵었다. 옛날에 안 가난한 사람이 어디 있노. 그래도 아저씨가 야무치고 부지런해서 배는 안 곯았다."

할머니의 고향인 산골마을 사람들은 모두가 넉넉하지 못했다. 할머니는 어릴 적 항상 배를 곯았다. 배가 고픈데 먹을 것이 없어 어머니 몰래 집 천장에 달아 놓은 메주에 붙은 콩을 반쪽씩 떼먹던 기억이 아직도 난다. 할머니는 친정을 떠나 동박골로 시집을 오고 나서야 굶주림에서 벗어날 수 있었다.

밀장 한번 무 봐라. 다 맛있다 칸다

"밀장 맛 한번 봐봐. 밥 좀 나가꼬 비비 묵으면 맛있다."

동박골에 봄이 오면 사람들은 산에 들에 천지에 나는 각종 풀을 따다 밀장을 넣고 무친 나물로 밥 한 끼를 해치웠다. 할머니가 차려 준 오월 밥상의 주인공은 밀장이었다. 이름도 생소한 밀장으로 무친 나물을 먼저 젓가락으로 집

어 들었다. 아삭한 나물에 생기로운 향이 더해졌다. 밥상에는 풋고추에 찍어 먹을 노르스름한 밀장이 종지 가득했다. 밀장의 색은 된장보다 조금 옅다. 아무래도 익숙한 된장과 계속 비교가 되었다. 밀장은 된장보다 좀 더 묽고 부드러웠다. 밀장에 코를 갖다 대니 보통 된장에서 나는 짠내가 아닌 단내가 코끝을 향긋하게 감쌌다. 구수하면서도 진한 단내였다. 장이라고 하면 대개 발효로 인해 생기는 알싸한 곰팡이 냄새와 소금과 메주의 짠내가 떠오른다. 그러나 밀장은 보드라운 향이 강해 계속 입맛이 당겼다. 밀장이 혀에 닿는 순간 은근한 단맛이 입안을 가득 채웠다. 분명 장인데! 처음 먹어 보는 밀장은 생소하면서도 감미로운 맛이 푸근했다. 넉넉한 밀장의 질감이 씁쓸하고 아삭한 풀의 식감과 조화롭게 뒤섞였다. 아, 이런 맛이구나. 풋고추를 밀장에 찍어 먹어 보았다. 매콤한 고추가 달짝지근한 밀장 덕에 입안에 생기를 돋게 했다. 할머니가 권하는 대로 대접에 밥을 넣고 밀장으로 무친 나물을 넣고 비벼 먹어 보았다. 설탕의 끈적거리는 단맛이 아닌 밀장의 시원하고 깔끔한 단맛이 밥알 하나하나에 스며들었다. 새로운 맛이면서도 낯익은 맛이었다.

"쪼래기, 달래에다가 집장 넣고 고춧가루 넣고 마늘 넣고 기름도 넣고."

함안에서 밀장은 집장이라고 불린다. 이와 달리 된장은 콩장이라고 한다. 할머니의 대표 밀장 요리는 다양한 겉절이와 나물무침이다. 봄에 많이 나는 쪼래기라고 불리는 연한 열무나 달래, 미나리, 냉이를 먹기 좋게 뜯어서 밀장과 양념을 넣고 비벼 먹는다. 봄과 여름 밭에서 제철에 나는 모든 풀들이 밀장과 잘 어울린다. 보통 밀장은 국을 끓이기보다는 바로 무쳐 먹는 양념으로 많이 쓰인다. 종종 콩장이라 불리는 된장과 섞어서 찌개를 끓이기도 한다. 밀장은 3개월

46 봄

정도 발효시켜 먹는 초스피드 장이다. 대신 소금이 많이 들어가지 않기 때문에 오래 두고 먹지 못한다. 밀장은 시간이 지날수록 짠맛이 사라지므로 중간에 소금을 좀 더 넣어서 먹기도 한다.

"밀장은 겨울에 담가 가지고 음력 설 있재. 설에 내 먹어도 된다. 설 지나고는 냉장고에 퍼 넣어야 된다. 아니면 쉬어뿐다. 안 짜서."

할머니 말에 따르면 냉장고가 없던 옛날에는 밀장이 더 짰었다. 요즘은 냉장고가 있어 밀장을 상하지 않게 보관할 수 있기 때문에 전보다 덜 짜게 만든다. 그러나 밀장은 냉장고에 보관한다고 해도 2년을 넘기지 않는다. 오래도록 묵혀 먹는 된장과 확연히 다르다. 겨울에 담그는 밀장은 그 다음 해 봄과 여름에 먹을 때가 가장 맛있다. 밭에는 씨앗 뿌리고 논에서 모내기하는 가장 바쁜 계절, 밀장은 손쉽게 밥상을 차릴 수 있게 해주었다.

"이게 담그기가 애렵다. 콩도 섞이고 밀도 섞이고. 우리 집에는 옥수수도 넣는다. 옥수수 삶아가 퍼쟈가 이틀 사흘을 떼야야 돼. 떼야가 말라가 넣는다 아이가. 손이 많이 거치야 된다. 바짝 말라가꼬 가을되면 만든다. 큰 통에다 부어가꼬 마른 거를 섞는 게 힘든다."

밀장은 차려 먹기는 간편해도 만들 때는 손이 많이 가는 음식이다. 재료 장만에서부터 장을 만드는 과정 하나하나가 복잡하면서도 오랜 노하우가 필요하다. 이제 동네에서 아니 함안에서 밀장 담그는 사람을 찾는 것은 손에 꼽는 일이 되었다. 할머니는 무릎이며 어깨며 이제 성한 데가 없다. 아픈 몸 때문에 손이 많이 가고 담그기 힘든 밀장을 놓아 버리고 싶을 때가 종종 있다. 그러나 할머니는 올해도 동네 사람들을 위해 밀장을 담근다. 봄과 여름 내내 밀장은 입맛만 살려 주는 것이 아니라 동네 사람들의 옛 추억도 되살려 준다. 음식에는 맛만 담겨 있는 것이 아니라 삶의 기억도 담겨 있다. 함께 먹었던 그 밥상에는 이제는 만날 수 없는 어렴풋한 시간이 새겨져 있다.

"함안 시내 아들 사는 아파트 강께는 십 층 사는 아지매가 옛날에 엄마가 밀장을 해줬다 카데. 몸이 계속 아픈데 이게 그렇게 먹고 싶었다 카데. 물어물어서 겨우 쪼깨난 통에 밀장을 좀 구해다 먹었는데 그거를 먹응께는 그기 입맛을 돈가서 아픈 게 나았다고. 내가 집장 담군다 카니까네 매번 내만 보면 아지매 집장 좀 갖다 주이소, 그란다."

작년 겨울에도 푸짐하게 밀장을 담근 이유는 이웃들과 나눠 먹기 위해서였다. 올해 꺼내 먹는 밀장은 함안 시내 아들 내외가 사는 아파트 이웃 주민에게도 줄 예정이다. 올해도 10층에 사는 아주머니는 김순년 할머니의 밀장을 기다린다. 아주머니는 친정어머니가 돌아가시고 나서는 밀장을 더 이상 맛볼 수가 없었다. 시장에서도 슈퍼에서도 밀장은 사먹을 수가 없다. 엄마가 보고 싶을 때면 밀장이 사무치게 먹고 싶었다. 할머니의 밀장 덕에 아주머니는 그리운 어머니와의 밥상을 잠시간 마주한다.

애밀 농사만큼 쉬운 게 없다

"애밀도 시어머니한테 받았지. 밀장도 다 어머니한테 배우고. 근데 우리 며느리는 아직 몰라."

쓰디쓴 인생 덕에 밀장이 다디달다

할머니는 직접 토종 호밀을 농사지어서 밀장을 담근다. '애밀' 또는 '대국밀'이라고 불리는 토종 호밀은 할머니의 시어머니가 심던 씨앗이다. 할머니는 씨앗도 밀장 담그는 법도 모두 시어머니에게서 전수받았다. 할머니는 나중에 며느리에게도 밀장 담그는 법을 전수하고 싶다고 했다. 삼대, 사대를 거쳐 지켜 온 씨앗에는 농사뿐만 아니라 밥상의 비법도 함께 이어져 내려온다.

"애밀은 퇴비 주면 안 된다. 가을에 벼 베기 전에 따실 때 숨겨 놓고. 골을 타서 마른 씨를 쫙 뿌린다. 많이 뿌려야 짐승들이 빼먹어도 난다. 농사 중에 제일 수월한 게 밀농사다. 약도 안 치고 퇴비도 안 주고 씨만 뿌리면 된다. 유월 되면 고개도 숙이고 노랗게 익었을 때 거둔다."

할머니는 밀농사만큼 수월하고 쉬운 게 없다고 했다. 밭에 씨만 뿌려 놓으면 비료를 안 줘도 약을 안 쳐도 할머니 키를 넘어서 더 크게 훌쩍 자라는 작물이 밀이라고 했다. 키가 큰 호밀은 고라니나 멧돼지가 따먹기도 힘들다. 추석이 지나고 10월이 되면 밭에 골을 내어 밀 씨앗을 흩어 뿌린다. 씨앗은 배고픈 새와 노루가 빼먹고도 남을 만큼 충분히 뿌려 준다. 밀은 씨만 뿌려 놓으면 겨울과 봄 스스로 자라나 초여름 누런 고개를 숙인다. 밀은 이삭이 바짝 마르면 수확을 한다.

할머니는 밀장을 담그는 덕에 지금까지 토종 호밀 씨앗을 지켜 올 수 있었다. 옛날에는 애밀뿐 아니라 청밀, 참밀도 농사지어 먹었다. 애밀이라 불리는 토종 호밀은 밀장을 담갔고 참밀이라 불리는 토종 앉은뱅이밀은 수제비와 국수용으로 먹었다. 참밀은 이삭 채로 가마솥 불에 구워서 껍질을 벗겨 먹으면 달달한 간식으로 맛이 기똥찼다. 부엌에서 엄마 몰래 쥐도 새도 모르게 참밀을

불에다 구워 먹으면 이보다 맛난 것이 없었다. 아무리 몰래 먹어도 엄마에게는 번번이 들켜 혼쭐이 났다. 불에 구운 참밀을 먹고 나면 언제나 입 둘레가 까맣기 때문이다.

"농협에서 참밀을 수매를 안 해주니까 안 했지. 그때부터."

1980년대 초반 아들이 고등학생이 되던 해 농협은 더 이상 앉은뱅이밀을 수매해 주지 않았다. 미국에서 값싸게 수입된 밀가루가 한국인의 밥상을 점령했기 때문이다. 농협은 돈이 되지 않는 토종 밀을 더 이상 수매하지 않았다. 아무도 사주지 않는 작물을 농사꾼이 계속 심을 수는 없다. 결국 할머니는 참밀 농사를 접었다. 그렇게 참밀 씨앗은 사라져 버렸다.

1988년 서울올림픽으로 온 나라가 들썩일 때 농협은 쌀농사를 짓지 말고 수박 농사를 지으라고 했다. 농협 직원이 쌀은 수입해서 먹으면 된다고 했다. 할머니를 비롯해 마을 사람들은 정부로부터 큰돈을 빌려 논을 수박 농사를 짓는 비닐하우스 시설로 바꾸었다. 결국 시어머니가 준 밀 씨앗 중 남은 것은 애밀 씨뿐이었다. 아무도 사주지 않는 애밀 씨앗이지만, 할머니는 다음 해 봄에 먹을 밀장을 담가야 했기에 애밀 씨앗은 놓치지 않고 지킬 수 있었다. 한국의 농촌 근대화 과정은 오래도록 지켜 온 것은 낡고 가치 없는 것으로, 돈이 되지 않는 것은 바꾸어 버려야 하는 것으로 치부했다. 그렇게 씨앗도, 밥상도 철모르는 이들로 인해 사라지고 말았다.

"밀을 도리깨로 타작해서 까불러서 9월에 하루 종일 삶는 거라. 삶아 가지고 터덜터덜하니 터자 가지고. 짚을 깔아서 퍼다 부어서 띄운다 아이가. 찌르르하니 바짝 말라 가지고. 늦은 가을에 장을 담가 놓는다. 11월 그믐쯤에 담근다."

할머니는 가을이 올 때쯤 재료를 장만하여 가을과 겨울의 경계에 밀장을 담근다. 추수로 한창 바쁜 9월이 되면, 밀을 타작하고 키질해서 껍질을 벗겨 푹 삶는다. 햇볕 잘 드는 바닥에 짚을 깔고 천을 덮고는 그 위에 푹 삶아 낸 밀을 부어서는 바짝 말린다. 말린 밀은 방앗간에 가져가서 가루를 낸다. 이 가루에 지장등거리라 불리는 보리등겨를 넣는데, 밀장의 맛을 좌우하는 중요한 재료가 바로 이 지장등거리다.

"보리쌀 쪼아서 보리는 빼고 가루가 나오거든 그거를 조물라 가꼬 동그랗게 만들어서 꾸버 가지고 달아 매놓는다. 그기 안 드가면 밀장이 안 돼."

지장등거리는 밀장의 단맛을 내는 주요한 재료다. 보리등겨라고도 불리는 지장등거리는 보리를 찧을 때 나오는 껍질인 등겨 가루로 만든다. 보리등겨 가루에다 뜨거운 보릿가루 물을 넣어서 도넛 모양으로 가운데 구멍을 뚫어서 동그랗게 반죽을 한다. 동그란 반죽을 찜통에 찐 후에 가스레인지 불에다 겉을 구워 낸다. 바삭하게 구워 낸 지장등거리는 짚으로 꼰 새끼줄에 매달아서 메주 말리듯이 띄워 말린다. 이렇게 발효시킨 지장등거리는 밀장의 발효를 도와 부드러운 단맛을 내게 만드는 주요한 재료다.

"밀장은 손이 엄청 많이 가는기다."

할머니는 가을 내내 재료를 장만해서 겨울의 초입에 밀장을 담근다. 커다란 대야에 방앗간에서 갈아 온 말린 밀가루 한 말에 보리등겨로 만든 지장등거리 가루 일곱 되를 먼저 붓는다. 다음으로 생 풋고추 한 포대를 갈아 넣고 고춧가루 두 근을 넣는다. 끓인 물 두 말에 소금 네 되를 넣고 식혀서 대야에 붓는다.

그리고 여기서부터는 할머니만의 비밀 레시피다. 할머니는 밀장을 담글 때 삶은 옥수수를 말려 빻은 가루도 넣는다. 옥수수 가루를 넣으면 장에 더욱 찰기가 생긴다. 조금 더 맛있는 밀장을 담그기 위해 50년 넘게 장을 담가 온 김순년 할머니만의 노하우다. 올해는 큰딸이 할머니 먹으라고 가져다준 와인도 좀 넣어 봤다. 포도주 향을 품은 밀장이라니. 사실 할머니는 와인 맛도 모르고 먹을 줄 몰라 내내 부엌 한 귀퉁이를 차지하고 있던 와인이었다.

자식 공부 시킬라고 견뎌 온 세월이다

"나는 땅만 후비고 산 사람이지 한평생. 내는 글자도 몰라. 일자무식해. 내 이름만 쓴다."

김순년 할머니의 친정은 가난했다. 산에 있다고 해서 산지리라 불리던 마을. 할머니는 창녕군 산지리에서 강 건너 함안으로 시집간 고향 사람의 소개로 중매결혼을 했다. 그러나 시댁도 풍족하진 않았다. 남편의 성은 빈 씨인데 지금도 함안에는 통틀어 빈 씨 성을 가진 집은 딱 네 집이 있다. 할머니는 친척도 가족도 적은 빈 씨 집안에 시집을 와서 억척같이 살아야만 했다.

시아버지는 일찍이 돌아가셨기에 할머니는 시어머니와 남편, 시누이와 함께 초가집에서 살았다. 시어머니는 며느리가 손이 야물다고 칭찬이 자자했다. 그러나 시어머니는 술주정이 심했다. 술을 한잔 마시면 듣도 보도 못한 욕을 해댔다. 남편은 효자 중에 효자였다. 그저 참고 사는 것 외엔 할 수 있는 것이 없었다.

"남편 죽고 나니 남편 죽은 게 슬프기보다 자식들 어째 키우노. 남편 죽은 거 그거는 불쌍도 안 하고 아깝도 안 하고 저 자식을 어째 키울꼬 그 생각이 나더라고."

할머니가 살면서 가장 힘들었던 때가 남편이 죽었을 때다. 할머니가 47세 되던 해 위암이 재발한 남편은 재수술을 받았지만 결국 저세상으로 먼저 떠났다. 할머니는 슬퍼할 겨를이 없었다. 농사지으며 생긴 빚이 산더미인데 아직 학생인 아들과 두 딸아이 공부를 어떻게 시킬지 두려움이 앞섰다. 제 한 몸으로 세 아이를 어떻게 먹이고 입히고 공부시켜야 할지 앞이 막막했다.

"아저씨 돌아가시면서 전신에 정리를 다해 가지고. 받을 꺼가 있나. 줄 꺼 뿌이지. 없이 산께네. 죽기 전에 김해 질부랑 내를 병원에 불러서 빚을 다 정리하고 부산으로 가라 하대. 장례 치르면서 그랬다. 논이라도 있어야 애들 공부시키고 돈도 줄 꺼 아이가. 내가 어렵게 살았다. 말 다 할라카믄 멀다."

남편의 장례를 치르는 동안 어떻게 먹고살아야 할지, 자식들 걱정만 앞섰다. 남편은 유언으로 집이고 땅이고 다 팔아다 빚을 정리해 달라고 하였다. 친척들은 남편의 유언대로 다 정리하고 도시로 떠나라고 했다. 속수무책이었다. 남편 떠나는 길에서도 살아남은 사람을 걱정해야 했다. 아무도 도와줄 수 없었다. 뼛속까지 시린 겨울 한가운데 실오라기 하나 걸칠 수 없는 추위였다.

그나마 있는 집과 논을 다 팔고 빚을 갚아 버리면 수중에 남는 게 아무것도 없었다. 어떻게 되었든 아이들 공부를 시켜야만 했다. 할머니는 남편의 유언과 달리 친척들을 설득해서 함안에 남기로 했다. 당시 제 이름 석 자 쓸 수 있었던 할머니에게 농사 말고 할 수 있는 일이 떠오르지 않았다. 집도 없이 고향을

떠나 도시에서 자식 셋을 데리고 무엇을 할 수 있을지 아무것도 생각나지 않았다.

"나는 자식을 위해서 진짜 희생했지. 내가 열다섯 마지기 농사를 혼자 지었다. 애들 공부시킨다고. 아무것도 없는 사람이 공부시킨다고 동네 사람들이 숭을 얼마나 봤는지 모른다. 돈 없는 사람이 빚을 내서 하니까 숭봤다."

"넘의 집에 가서 돈 빌리러 가서 빌려 줄 돈이 없다 카믄 눈물을 흘렸다. 자식들은 모르지."

세 아이의 학비를 내야 할 때가 돌아오면 집집마다 돌아다니면서 돈을 빌렸다. 나는 비록 배우지 못했지만, 자식들 공부는 시켜야 했다. 마을의 몇몇 사람들은 남편도 없고 돈도 없으면서 남의 돈 빌려 자식 공부시킨다고 손가락질했다. 할머니는 혼자서 농사에 돼지도 키웠다. 돼지가 새끼를 낳을 때면 꼬박 날을 새었다. 그래도 돼지가 새끼를 낳을 때면 그제야 한숨 돌릴 수 있었다. 돼지를 팔아서 조금씩 빚을 갚았다. 돈을 빌리고 갚고, 빌리고 갚고를 되풀이했다. 결국 할머니는 세 아이들의 대학 공부를 모두 마칠 수 있었다. 먹고사는 게 바빠 자식들을 살뜰하게 챙기지는 못했다. 그러나 자식들이 학교를 마치는 것, 그것이 할머니가 할 수 있는 최선이었다.

"내 사는 기 어렵게 살았지만 자식 공부시킨 게 제일 큰 보람으로 했고. 그게 자랑꺼리지. 동네에서 아 서이 대학 다 시킨 사람은 내하고 이웃집 한 사람밖에 없다. 여가 한 쉰 가구 되거든."

할머니는 어렵게 자식들의 대학 공부를 지원했다. 그게 삶의 목표였다. 남편도 없이 혼자 살아남아야만 했던 것은 자식들 때문이었다. 자식들 공부를 마칠 때까진 살아야 했다. 죽어도 아이들이 자리를 잡은 후에야 죽을 수 있었다. 자식들 모두 대학을 졸업한 집은 오십 가구 중에 할머니와 다른 이웃, 딱 두 집뿐이었다. 가난한 집에서 자식들 공부시킨다고 사람들은 흉을 보았지만 끝끝내 대학을 졸업한 세 자녀들은 할머니의 자랑이었다. 아마도 할머니의 억척 같은 삶의 의지가 자식들에게 고스란히 전해졌을 것이다.

"나는 학교 문 앞에도 못 갔다. 내도 글을 모르니까. 공부를 시켜야 저거 앞 길이 트이지. 농사짓지 말라고 시켰지."

할머니는 본인이 배우지 못해 이렇게 힘들게 농사를 짓는다는 생각에 자식들은 공부시켜서 농사만은 짓지 않길 소원했다. 그런데 어느 날 하나밖에 없는 아들이 할머니에게 회사를 그만두고 고향으로 돌아와 농사짓고 싶다고 어렵사리 말했다. 할머니는 고향으로 농사지으러 절대 못 온다며 아들을 뜯어말렸다. 농사일만은 하지 말라고 제 살 뜯어 먹이며 시킨 공부였다. 아들은 결국 회사를 그만두고 고향으로 돌아왔다. 아들은 할머니의 농사를 돕기 시작했다.

"하우스에서 일하는 거 보면 속에서 천불이 난다."

할머니는 아들이 농사짓는 것을 볼 때마다 화가 났다. 농사짓지 말라고 대학 공부시켰더니 잘 다니던 회사를 그만두고 힘든 농사를 짓는 모습을 받아들이기 어려웠다. 아들은 그나마 할머니를 도와서 짓던 농사도 농민회 활동을 하느라 빠지기 일쑤였다.

"아들이랑 수박 농사를 짓는데 아들은 농민회 한다고 맨날 바쁘고, 내 혼자 하우스 아홉 동을 뛰어 댕긴다. 동네 사람들이 아지매는 아프지도 않는교 하는데 내는 아플 새도 없다."

처음에는 아들이 하는 농민회 활동이 싫었다. 빨갱이들이 하는 짓이라고 아들을 나무랬다. 그러나 아들과 며느리가 하는 농민회 일을 옆에서 봐오면서 조금씩 마음이 움직였다. 나만 혼자 잘 먹고 잘사는 농사가 아니라 모두를 위한 농사를 짓는다는데, 이제는 그 누구보다 든든한 후원자가 되었다.

"넘 도와주고 그런 게 좋다. 내 욕심을 다 채우고 살라면 안 되거든. 넘도 돌봐주고. 욕심 없이 사는 게 정확한 사람이지. 며느리도 서울 댕기면서 욕보고. 알고 있지. 괜찮다. 좋다."

할머니는 며느리가 여성농민회 활동으로 바쁜 탓에 아이들을 못 챙긴다고 타박하면서도 좋은 일 하는 며느리가 자랑스럽다고 했다. 할머니는 인생이란 함께 돕고 나누고 살아가는 것이라고 했다. 남편 없이 자식 셋 공부시킬 수 있었던 것도 따지고 보면 힘들 때 도와주던 이웃들이 있어 가능했다. 내가 받아왔던 만큼 할머니도 남은 인생 동안 사람들에게 더 많이 나누어 주면서 살고 싶다고 했다. 밀장도 나누고 씨앗도 나누면서 말이다.

토종 농사도 자식 농사지

"토종 종자 안 놓칠라고 땅콩 좀 숨구 놓고 감자도 좀 숨구 놓고 메주콩도 좀 숨구고 검은콩, 흰콩, 쥐눈이콩, 양대, 종자 안 놓칠라고 조금씩은 숨군다."

일흔아홉의 할머니는 건강이 좋지 않아 이제 200평 남짓 텃밭 농사만 짓고 있다. 텃밭에는 씨앗을 계속해서 지키기 위해서 다양한 토종 작물을 심어 놓왔다. 그나마도 멧돼지며 고라니며 들짐승들이 죄다 빼먹어서 수확량이 신통치가 않다.

"곡식을 키우면 오늘 가면 쪼깨 더 크고 또 가면 또 크고. 힘들고 고생한다 싶어도. 밭에 가서 고런 거 쳐다보면 재미가 있어서. 또 가고 싶고. 보고 싶고 그렇다. 자식 농사짓는 거지."

곡식을 키우는 낙, 그 낙으로 버텨 온 세월이다. 거짓 없이 내어 주는 땅이 있었기에 살 수 있었다. 힘들고 고생한다 싶어도 자식 농사 짓듯이 알알이 여물어 가는 낙으로 짓는 농사였다. 그 어떤 돈 버는 일이 농사일처럼 내어 주고 또 내어 줄 수 있을까. 이제는 벌레 잡을 때면 어깨가 삐걱거리고 풀을 맬 때면 무릎에서 달그락 소리가 난다. 그래도 손톱보다 작은 씨앗이 싹을 틔우고 쑥쑥 자라 열매를 맺었기에 여태 살아남을 수 있었다.

"그땐 어째 그래 농사를 짓고 살았노."

지난 세월을 돌이켜 보면 어떻게 그리 살았는지 까마득하다. 딱 육십까지만 살자며 버텨 왔다. 육십이 되어 자식들이 공부를 마치면 뒤도 돌아보지 않고 죽으려고 했다. 살아 내기 위해 죽고 싶었던 세월이었다. 그런데 이제는 좀 더 살아야겠다는 생각이 든다. 할머니가 세 살 때부터 키운 손녀딸이 자기 시집가는 거 꼭 봐야 한다고 매번 신신당부를 한다. 사랑스런 손녀 덕에 십 년 더 살아서 구십까지 살아야 하는 요즘이다. 할머니는 살날보다 떠날 날이 가까워서야 마음이 참 편안해졌다. 모진 세월 지나가고 이제는 편안해진 마음 덕일까. 겨울이 지나고 봄이 오면 할머니의 장독에는 해마다 깊어져만 가는 진한 밀장이 익어 간다.

밥그릇 가득 생명이 국그릇 가득 희망이

경북 상주 문달님

나는 유월의 초록 잎사귀를 좋아한다. 연둣빛 새싹들이 완연히 초록을 내뿜기 시작하는 유월은 생동감이 넘치는 계절이다. 초여름의 온도를 가득 담은 유월의 밥상은 어떨까. 또 다른 할머니의 밥상을 만날 생각에 마음이 들떴다. 오늘은 귀농 인구 전국 1위로 유명한 상주로 향한다. 상주 시내버스터미널에 내려서 다시 마을버스를 타고 시원하게 도로를 내달리다 보면 나지막한 산 아래 동그랗게 집들이 모여 있는 아담한 동네가 나타난다. 버스 정류장에서 내려 건너편 흙길을 걸어 들어가다 보면 상주여성농민회가 태동한 봉강마을에 도착한다. 초여름 봉강마을에는 한낮에도 풀벌레 우는 소리가 가득하다.

오늘 봉강마을에서 만나기로 한 할머니는 올해로 여든인 문달님 할머니다. 할머니 부부는 40년 넘게 유기 농사를 고수해 왔다. 할머니는 상주 사벌면에서 여기 봉강마을로 시집왔다. 할머니는 보기 드문 '인텔리'다. 할머니는 스무 살 때 상주를 떠나 서울에 있는 신학대학교를 다녔다.

"자취도 하고. 서울 오빠 집에서도 살고."

할머니는 없는 살림에 공부를 하기 위해 틈틈이 시장에서 손바느질로 돈을 벌었다. 갓 스물이 된 소녀는 낮에는 공부하고 밤에는 한 땀 한 땀 바느질을 하느라 눈물이 마를 날이 없었다.

"농사짓는 게 편해요. 공부하고 일하느라 힘들었어요."

할머니는 스물, 상주를 떠나 처음 살아 본 도시 서울의 생활이 얼마나 고되고 힘들었던지 손사래를 쳤다. 서울에서의 삶보다 지금 농사짓는 삶이 훨씬 행복하다고 했다.

할머니는 남편 오정면 할아버지를 대학교에서 만났다. 둘 다 고향이 상주였기에 통하는 것이 많았다. 할머니는 스물여섯 살 때 할아버지와 결혼하여 아들 하나와 딸 다섯을 낳았다. 하나밖에 없는 아들은 목사가 되어 전 세계의 오지를 돌아다니며 목회 활동을 한다. 부부는 30대 초반에 상주로 귀향하여 시부모님과 시할머니를 모시며 살았다.

"시할매가 삼 년을 방 안에서 오줌똥을 쌌어. 시어머니가 많이 하셨어요. 그래도 뒷바라지하느라 힘들었지. 버거웠지. 빨래하고 밥하고."

할머니는 시집살이에 마음이 울적할 때면 밭에 나갔다. 밭에 나가면 고된 관계들에서 벗어나 잠시나마 시름을 잊을 수 있었다.

"스트레스가 풀리는 게 달리 풀리는 게 아니라 일거리가 많으니까. 밭을 매라고 앉았으면 딴생각할 여가가 없어요. 억지로 밭에 가도. 다리도 아프고. 온몸이 찌드륵하게 아파도. 가서 일거리를 잡으면 일할 욕심에 아픈 것도 다 달아나고. 집에 올 때면 허리도 아프고. 일할 때는 오로지 일 그꺼뿐이 생각 안 하지. 언제 시간이 다 가고 점심이라."

풀을 매고 밭일을 하다 보면 울적한 마음은 어느새 달아났다. 눈앞에 보이는 일들을 쳐내느라 다른 생각할 겨를이 없었다. 일을 할 때엔 내내 아팠던 몸의 통증도 잊을 수 있었다. 시집살이는 고되었지만 시어머니로부터 농사와 음식을 배울 수 있었다. 문달님 할머니가 지금 농사에 사용하고 있는 토종 오이, 참깨, 들깨, 흰콩, 서리태 등의 토종씨앗들은 시할머니가 시어머니에게로, 또 시어머니가 며느리인 문달님 할머니에게 전수한 씨앗들이다. 지금은 시할머니도 시어머니도 모두 돌아가셨지만, 그녀들이 남긴 토종씨앗은 다시 문달님 할머니의 손에서 매년 생명을 맺으며 살아 숨 쉬고 있다. 토종씨앗과 여성 농민의 삶은 강인한 생명력으로 서로 닮아 있다.

농사는 생명을 살리는 일이다

문달님 할머니와 남편 오정면 할아버지는 47년째 우직하게 유기 농업을 고수해 온 보기 드문 농사꾼이다. 부부는 대한민국 유기 농업의 살아 있는 역사이기도 하다.

"처음엔 우리도 남들처럼 약을 쳤어요. 1년을 농사를 지으면서 보니까. 논에 가니까 다 죽었더라고요. 미꾸라지도 죽고 개구리도 죽고 뱀도 죽고. 이거 내가 남을 죽이는 농사를 짓는구나. 남 살리는 농사를 지어야지. 죽이는 농사를 지으면 안 되겠다. 그 다음 해에 바로 농약을 끊었어요."

부부가 상주로 귀향한 후 처음엔 농약을 쓰는 관행 농사를 했다. 그런데 논

밭에 있던 개구리, 뱀이 죽어 가는 것을 보면서 남의 생명을 죽이는 농사를 지으면 안 되겠다는 생각이 들었다. 이듬해부터 농약과 화학비료를 끊었다. 그 덕에 완전히 농사에 실패했다.

"근데 끊은 게 안되요. 나락이 다 죽고. 성한 게 없어요. 성한 이삭을 찾아서 끊어다 먹었어요. 그래도 일 년은 먹고살았어요."

그 이듬해도 농사는 안되었다. 그렇다고 다시 돌아갈 수도 없었다. 다행히 농약과 화학비료를 끊은 지 3년이 되던 해 농사가 잘되기 시작했다. 드디어 흙이 살아난 것이다.

녹색혁명과 새마을운동이 대한민국을 뒤흔들었던 1970년대 말 상주에서 또 경북에서도 유일하게 유기농을 고수했던 부부에게 동네 사람들은 손가락질을 하며 흉을 보았다. 면사무소 직원은 통일벼를 심으라고 매일 끈질기게 쫓아다녔다.

"아침에 논에 가 뽑아 버리면 또 세워 놔요. 뽑아 버리면 또 세우고 또 뽑아 버리고."

당시에 매일 아침이면 마을의 농촌지도사가 논에다 농약을 치라고 할머니네 논에 빨간 깃발을 꽂아 두었다. 아침마다 부부는 빨간 깃발을 뽑았다. 그러나 부부가 뽑아 둔 빨간 깃발은 해거름이 되면 어느새 다시 꽂혀 있었다. 내가 유기 농사를 짓겠다고 해서 지을 수 있는 시절이 아니었다. 정부가 내리는 지시대로 따라야 했다. 농민들은 다른 선택의 여지가 없었다. 국가권력은 농촌 마을 깊숙이 곳곳에서 폭력을 자행했다.

"그 다음 해에 노풍이라는 신품종을 심었어요. 다섯 마지기에 심었는데 벼가 안 좋아서 피해가 컸어요. 나락 여섯 가마니밖에 못 했어요. 오십 가마니가 나와야 하는데."

결국엔 부부도 벼 품종을 바꾸어 통일벼를 심을 수밖에 없었다. 막상 면사무소에서 심으라고 한 통일벼 농사는 쌀의 품질도 안 좋았고 수확량도 안 좋았다. 화학비료와 농약 없이 키운 통일벼의 수확량은 작년 대비 십 분의 일이었다. 피해가 컸다. 그러나 면사무소에서는 피해 보상은커녕 농약을 안 쳐서 그런 거라고 부부를 비난했다. 그 이후론 아예 면사무소를 상대하지 않고 부부의 방식대로 씨앗에서부터 비료까지 유기 농사를 고수했다.

"경북에서는 우리가 유일했어요."

부부는 정농회에 가입했다. 당시 정농회의 오재길 선생은 부부의 논과 밭을 둘러보며 유기 농사를 짓는지 확인을 한 후에야 정농회 가입을 받아 주었다. 부부가 상주에서 처음 유기 농업의 씨앗을 뿌리고 10년이란 세월이 흐르면서 젊은 농민들도 하나둘 유기 농사를 배우기 시작했다. 지금은 봉강마을 사람 절반이 유기 농사를 짓는다.

"옛날에 우렁이가 어딨어요. 죄다 손으로 다 뽑아서. 밥 숟갈질을 못했어요. 뜨거운 물에 손을 주물러 가면서 숟가락을 쥐었어요."

부부가 유기 농업을 고집한다는 것은 결국 손으로 모든 것을 해결해야 하는 일이었다. 약을 치지 않는 논에 나는 피와 잡초는 계속해서 뽑는 수밖에 없는데 농번기에는 하도 일을 많이 해서 손가락을 제대로 펼 수가 없었다. 숟가락질을 못할 때가 허다했다. 아무리 날씨가 더워도 억수같이 비가 내려도 매일 자라는 피와 잡초는 계속해서 매어 줘야만 했다. 여름엔 새벽 4시에 일어나서

매일 한 시간씩 기도예배를 본 후 해질 때까지 논밭에서 작물을 심고 풀을 뽑고 벌레를 잡는 일을 반복했다. 신기하게도 해를 거듭할수록 논에 나는 피와 잡초가 적어졌다.

할머니 부부는 요즘 논에 우렁이를 풀어놓는다. 우렁이가 잡초를 먹기 때문에 피만 뽑아 주면 되어 훨씬 수월하다. 보통 200평 논에 관행 농사를 지으면 다섯 가마니 쌀이 나오지만 유기 농사는 세 가마니가 겨우 나온다. 그래도 유기 농사라 버리는 것이 없다. 쌀겨는 유기 축산 하는 데서 소를 먹이고 종종 화장품 재료로 회사에서 사간다.

할머니의 논에는 쌀만 나오는 것이 아니다. 할머니네 논에는 다른 논에서 보기 힘든 조그마한 투구새우가 산다. 이 새우가 있어 논에는 미꾸라지와 개구리가 살고 철마다 새가 날아온다. 생명이 순환하는 논밭에는 튼실한 메뚜기가 뛰논다. 이 메뚜기는 할머니 밥상에 오르는 여름철 별미이기도 하다.

"40년이 넘었죠. 유기 농사란 것이 신념과 집념이 없으면 어려워요."

신념과 집념으로 지켜 온 유기 농사 덕에 부부의 논밭에 흙은 유난히 부드럽다. 흙에 미생물이 많이 살기 때문이다. 화학비료와 농약에 찌든 땅은 땅심을 잃어버린다. 푸석하고 메마른 흙은 더 많은 화학비료와 농약을 필요로 한다. 유기 농사는 흙을 살리고 땅을 살린다. 생명 가득한 논에서 부부가 생산한 쌀은 유난히 밥맛이 좋다. 40년 넘게 유기 농법으로 농사를 지어서이기도 하지만 씨앗이 옛날부터 대대로 농사지어 온 토종 볍씨이기 때문이다. 쌀은 따로 채종을 하지 않고 추수할 때 볍씨를 잘 보관하였다가 다음 해에 심는다. 대개 볍씨는 싹을 틔우기 전 '부산 30'과 같은 농약에 씨를 소독하는데, 부부는 유

기 농법으로 볍씨를 소독한다. 70도 정도로 끓인 물에 볍씨를 넣고 5분 정도 뒤적뒤적 섞은 후 꺼낸다. 볍씨를 다시 차가운 물에 넣고 5일간 담가 놓으면 싹이 나는데 이것을 판에 넣어 모판을 만들면 된다. 조금 더 시간이 걸리고 조금 더 손품이 들지만 사람이 먹을 밥의 씨앗을 농약에 담그는 것보다 낫다.

"깻묵을 기름 짜는 데서 얻어서 당겨를 섞어서 띄아요. 물을 좀 훈치 가지고. 비닐 씌워 놓으면 하얗게 발효가 돼요."

깻묵으로 만드는 퇴비 외에도 효소 액비는 논밭 작물들에게 없어서는 안 될 보약이다. 부부가 '당딩기'라 부르는 효소액비 만드는 법은 다음과 같다. 쌀겨 한 홉, 흑설탕 한 홉, 물 두 바가지, 막걸리 반병을 넣고 뒷산에서 긁어 모은 부엽토와 낙엽을 넣은 후 햇볕에 두세 시간을 놔두면 보글보글 끓기 시작한다. 이렇게 완성한 효소 한 바가지와 물 열 바가지를 섞어서 논에 모를 심을 때 부어 주면 최고의 보약이 된다. 밭에는 보름, 논에는 한 달에 한 번씩 작물의 뿌리를 중심으로 효소액비를 부어 준다. 그 덕에 작물의 잎이 두꺼워지고 병충해에도 강하다. 작물에 힘이 생기는 것이다. 천연 퇴비로는 볏짚과 미루나무잎을 잘게 썰어서 섞은 후 논에다 뿌려 두고 썩혀서 퇴비화 하는데 땅이 좋아진다. 할머니 부부의 유기 농사는 자연에서 얻어 자연으로 다시 돌아가니 너도 좋고 나도 좋다.

집 마당과 뒷산 올라가는 길에 있는 밭은 주로 할머니가 담당한다. 할머니가 만드는 모든 음식이 이 밭에서 나온다. 할머니의 밥상은 전부 직접 농사지어 차려 낸 것이다. 장을 담그기 위한 콩과 다양한 잡곡, 제철 채소는 모두 할머니의 손에서 태어난다. 올봄, 밭에 심었던 알록달록 토종씨앗은 6월이 되어 빨주

노초파남보 각양각색의 꽃과 열매를 피운다.

"노란자 벌거지는 기다라면서 콩꽃 필 때부터 얼마나 많은지. 그대로 두면 콩이 시꺼매져요. 안 직이고 안 잡으면 콩 농사를 못해요. 매일 가서 잡아요. 80개도 잡고 150개도 잡고 장갑 끼고 손바닥으로 잡아요. 매일 아침 출근을 했어요. 작년에는 콩을 잘했어요."

할머니는 밭에서 벌레를 해결하는 최고의 유기 농법은 손으로 벌레를 직접 잡는 것이라고 했다. 콩에는 노린재가 고추에는 진딧물이 많이 끼는데 담배 물도 뿌려 보고 밀가루도 발라 봤지만 손으로 잡는 방법이 제일이었다. 할머니는 아침 먹기 전 매일 밭에 출근한다. 밭을 한 바퀴 돌면서 고추밭의 진딧물과 콩밭의 노린재를 200마리 정도 손으로 잡는다. 배추벌레는 배추 속을 다 펼쳐서 잡아낸다. 다행인 것은 어떤 해에는 벌레가 많지만 또 어떤 해에는 벌레가 없어 수월하게 넘어갈 때도 있다.

"마늘 밭에는 물을 잠갔다가 빼면 벌레가 다 없어져요."

할머니만의 작물별 벌레 없애는 법을 하나 소개하자면 마늘 밭의 경우 벌레가 많이 생길 때 밭에 물을 가두어 가득 채워 놨다가 반나절 또는 하루를 놔둔 후 다시 물을 빼면 벌레가 다 죽어서 사라진다.

천연 농약도 종종 사용하는데 봉숭아를 베어서 맑게 끓인 다음 식힌 물을 내어 뿌리기도 하고, 돼지감자를 물에 끓여 식힌 물을 밭에 주기도 한다. 사실 눈앞에서 손으로 잡아도 돌아서면 생기는 것이 벌레다. 할머니는 벌레 먹은 농산물을 도시 사람들이 안 좋게 생각하지만 사람한테 좋을수록 벌레도 많이 생기는 거라고 말했다.

부부의 유기농은 자연에 순환하는 진짜 유기 농사였다. 사실 유기농이란 단순히 생산할 때 농약이나 제초제, 화학비료 등을 사용하지 않은 것 이상을 의미한다. 유기농 인증만이 유기 농사를 말하는 것이 아니다. 유기농은 생산과 유통, 소비에 있어 유기적인 순환이 가능한 총체적인 '시스템의 유기성'을 뜻한다.

유기농이라고 무조건 비쌀 이유가 없다. 유기농은 관행 농업과 달리 외부 투입 자체가 줄어들기 때문이다. 그러나 우리가 먹는 인증받은 유기농 중에는 유럽에서 수입해 온 유기종자와 벌, 공장에서 만들어져 나온 유기비료와 친환경 자재, 비닐하우스 온도를 유지하기 위해 사용되는 석유 등 외부 투입 요소에 의존하는 경우가 많다. 결국 소비자들이 비싼 가격에 유기농을 사먹을 수밖에 없는 것이다. 대량으로 유기농을 생산하기 위해 더 많은 외부 투입 요소를 사용하여 값비싼 유기농을 판매할 수밖에 없는 현재의 유기농은 성찰이 필요하다. 문달님 할머니와 오정면 할아버지의 유기 농사는 지금의 우리를 스스로 돌아보게 만든다.

건강이 음식이고 음식이 건강이다

할머니의 밥상도 다른 할머니들의 밥상과 마찬가지로 모두 밭에서 나온 식재료로 차려진다. 보통은 농사일이 바빠 된장찌개에 한두 가지 반찬으로 대충 끼니를 때우지만 오늘 점심 밥상은 서울서 온 손님 덕에 제철에 해먹는 여러 가지 찬을 내어 놓았다. 토종 쌀에 각종 토종 콩과 수수가 가득 들어간 밥에서

부터 차조기장떡, 다진고추찜, 나물무침, 부추콩가루찜, 메뚜기튀김 등 유월의 계절이 밥상에 한가득 담겨 있다.

"콩은 한목에 달리는 게 아니라 계속 달려요. 계속 달리는 대로 따다 밥에도 넣고. 어금니횐양대는 잎사구를 밥에다 싸먹으면 알싸해요."

밥에는 직접 농사지은 쌀과 함께 토종 수수, 차조, 귀리, 은행을 비롯해서 요즘 제철인 어금니동부, 횐양대콩이 들어가 있다. 밥만 먹어도 건강해지는 기분이다.

"수수에 양파망을 씌야도 새가 다 빼먹어요."

요즘 잡곡 농사는 쉽지가 않다. 새와 고라니, 멧돼지가 죄다 따먹기 때문이다. 작년에는 수수를 많이 심었는데도 새들이 다 따먹어서 두 되밖에 수확을 하지 못했다. 수수에 양파망을 씌워 놓아도 새가 다 빼먹는다고 한다. 겨우 수확한 수수가 두 되밖에 되지 않아 기계로는 빻지 못하고 절구에 찧어 손으로 비빈 후 빡빡 씻어서 먹는다. 노루가 좋아하는 횐양대는 7월부터 수확하는데 달리면 따먹고, 또 달리면 또 따먹는 재미가 쏠쏠하다. 양대는 밥에도 넣어 먹지만 떡을 해먹으면 그 맛이 일품이다. 겨울이 되면 썩거나 못 먹는 감자를 삭혀서 감자가루를 만들고 양대콩을 넣어 감자송편을 해먹는다. 감자송편은 할머니의 딸들이 제일 좋아하는 음식이다. 여름철 양대 잎사귀도 쪄서 밥에 싸먹으면 달짝지근 쌉쌀한 맛이 우리네 인생 같다.

"토종 오이가 참 맛이 있어요. 달리면 따먹고 매일 따먹어요."

특히 유월은 토종 오이가 가장 맛있는 계절이다. 토종 오이는 개량종보다 크기가 작고 열매도 늦게 달리지만 맛이 달고 깔끔하다. 오이의 비린 맛이 없다.

노각도 별미다. 껍질은 까서 반으로 길게 잘라 씨를 빼고 먹기 좋게 자른 후 소금으로 버무려 물을 뺀다. 생강효소 한 스푼, 고춧가루 세 스푼, 마늘 한 스푼, 감식초 한 스푼을 넣어 비벼 먹으면 참말로 꿀맛이다. 여름철 밥상 위 아삭한 오이와 노각무침은 새콤한 양념과 함께 버무려져 잃어버린 입맛을 돌아오게 한다.

할머니의 밥상에는 고기나 달걀이 오르지 않아도 충분히 단백질을 보충할 수 있다. 비밀은 바로 콩가루와 들깨가루다. 머위대의 줄기를 살짝 데쳐서 껍질을 깐 후 먹기 좋게 자르고 현미유에 양파, 간장, 들깨가루를 넣고 함께 볶는다. 들깨가루 덕에 고소한 맛은 물론이고 영양의 균형도 잡아 준다. 이 계절에 한창 자라는 부추도 끓는 물에 콩가루와 버무려 10분가량 찐 후 간장이나 고춧가루 양념을 얹어 먹는다. 부추의 상큼한 향과 콩가루의 달짝지근한 맛이 입안에서 고루 섞인다.

"메뚜기는 논에서 잡아서 바로 쪄 가지고는 말려 가지고 털이랑 발 떼고 기름에 볶아요. 간장 한 술, 물 한 술, 깨소금 넣어서 같이 볶아요."

45년 유기 농사로 생명이 가득한 할머니네 논에서 잡은 메뚜기로 만든 튀김은 고소하면서도 짭조름한 맛이 입맛을 돋운다. 논에서 잡은 메뚜기는 바로 쪄서 말린 후 손질해 현미유에 볶은 후 간장으로 간을 맞춘다. 처음 먹어 본 메뚜기튀김은 고소하고 바삭했다.

"차조기는 장떡에다 넣어 먹으면 맛이 좋아요. 논에서 일하면서 새참으로 먹어요."

토종 차조기는 향이 진하고 잎 뒷면만 붉은 것이 특징이다. 밭에서 갓 따온

차조기잎과 부추를 먹기 좋게 썰어서 우리밀과 물을 넣고 마늘 한 숟가락, 고추장과 된장 한 숟가락을 넣어 기름에 전을 부치면 장떡이 된다. 먹을 것이 귀한 시절 차조기장떡은 밥 대신 점심 새참으로 종종 먹었다. 아침나절 부지런히 일하고 배고픈 농부에게 장떡은 두꺼우면 두꺼울수록 좋았다. 기름 냄새와 차조기 향이 입안 가득해질 때면 허기가 저 멀리 달아났다.

차조기잎에 밀가루풀을 발라서 햇볕에 말려 튀겨 먹어도 참 맛이 좋다. 깻잎의 먼 친척인 차조기는 천연 방부제라 반찬 할 때 조금씩 넣으면 잘 상하지 않는다. 천연 보존제인 셈이다. 할머니는 옛날엔 소가 배탈이 나면 차조기를 삶아 먹였다고 했다.

"딸들이 좋아해서 한 통씩 해놔요."

할머니의 밥상에서 내가 제일 맛있었던 것 중 하나는 고추찜이었다. 고추찜은 할머니의 딸들도 좋아하는 반찬이라 딸들이 올 때 꼭 만드는 반찬이다. 토종 고추인 매콤한 수비초와 풋고추를 잘게 다져 말린 새우와 멸치를 넣고 들기름을 둘러 볶다가 물과 간장, 마늘, 멸치젓갈을 약간 넣고 자글자글 지지면 최고의 밥도둑이 된다. 상큼한 고추 향과 매콤한 맛이 밥에 쓱싹 비벼 먹으면 한 그릇 뚝딱이다. 여름내 따먹는 고추는 꼭지를 떼고 길게 반 자른 후 우리밀에 비벼서 쪄먹어도 별미이다. 나물은 봄뿐만 아니라 초여름에도 다양하게 무쳐 먹을 수 있다. 취나물과 비슷한 모시잎도 나물을 해먹으면 맛있다. 초여름에 많이 나는 참비름도 들기름에 볶아서 깨소금과 간장 넣어 간을 맞추면 밥반찬으로 그만이다.

"사람 건강은 음식에 달렸다. 건강이 음식이고 음식이 건강이다."

할머니의 밭에는 버릴 것이 하나 없다. 먹어도 줄지 않는 채소들은 산에서 나는 풀들과 함께 산야초 효소, 백초 효소를 만든다. 평생 병원에 간 적이 다섯 손가락으로 꼽는 할머니는 본인이 만든 몸에 좋다는 효소를 대부분 나누어 준다. 주변 사람들의 건강을 바라는 것이다.

"첫째는 하느님의 은혜지만, 유기농을 평생 먹으니까 건강하지 싶어요. 아픈 데는 없어요."

할머니는 매일 제철에 나는 토종밥상 덕분에 여든 살이 된 지금도 크게 아픈 곳이 없다. 할머니의 농사 철학은 누구든지 좋은 음식을 농사지어서 먹으면 건강도 농사도 지킬 수 있다는 것이다. 결국 수입 농산물이 아닌 우리 농민들이 우리 땅에서 농사를 많이 지어서 많은 사람들이 먹을 수 있어야 모두가 건강할 수 있다. 할머니가 45년이 넘는 해 동안 유기농을 고수할 수 있었던 것은 본인이 지은 농산물을 주변 사람들이 먹고 건강할 수 있었기 때문이다.

"우리의 마음속에 예수님이 살아서 예수님의 씨가 퍼지는 것처럼 우리가 토종씨앗을 지켜서 퍼뜨려야 해요. 지금 우리 젊은 여성 농민들이 힘써서 지키고 있어요. 그래야지 우리가 농사짓지. 씨앗 다 뺏겨 봐요. 어떻게 농사지어요."

매일 새벽 빠지지 않고 하는 할머니의 기도는 마음에서 마음으로 예수가 퍼지듯 토종씨앗이 또 다른 토종씨앗으로 퍼지길 소원한다. 왜냐하면 모든 생명은 씨앗에서 시작하기 때문이다.

여성 농민으로 산다는 것은 땅으로부터 위안을 얻는 삶

"손두부는 오래 삶아야 두부가 야들야들해져요."

할머니가 차린 밥상의 맨 마지막 찬은 손두부다. 뜨거울 때 간장양념 부어 푹푹 퍼먹어야 맛있는 손두부는 은근한 불에 오랫동안 다려서 하얗게 윤이 난다. 토종 콩으로 만든 손두부는 퍽퍽하지 않고 부드러우면서도 비린 맛이 없이 달짝지근하다. '정말 맛있다'는 문장 외에 더 나은 표현을 찾을 수가 없었다. 할머니들의 손에서 손으로 지켜 온 토종 콩을 손으로 심어 다시 손으로 만든 두부를 어찌 실험실에서 개량해 기계로 심고 기계로 가공한 두부와 비교할 수 있으랴.

"많이들 먹어요. 먹고 더 먹어요."

할머니는 항상 푸짐하게 밥상을 차려 내는 습관이 있다. 밥 한 공기에 찬이 두세 가지뿐이라도 언제나 양은 넉넉히 준비한다. 오늘 점심 밥상도 할머니 부부, 서울서 온 손님인 나와 사진작가 준희, 봉강마을에 농촌활동을 하러 온 여섯 명의 여학생들과 옆집에 사는 할머니까지 열 명이 넘는 사람들을 위한 밥상을 차렸다.

할머니의 집에는 언제나 사람이 북적였다. 젊을 때에는 시할머니와 시부모님, 아이들 여섯에 유기농을 배우려는 예비 농부들까지 항상 열두 명이 넘는 식구들의 삼시 세끼를 차려 내었다. 그뿐만이 아니다. 할머니의 남편인 오정면 할아버지는 상주농민회장을 비롯해서 기독교농민회장을 지냈다. 1987년 민주항쟁 시기에도 농민회장이었던 할아버지는 농사도 안 짓고 매일같이 집을 비웠다.

간혹 집에 들어올 때는 전국 곳곳에서 데려온 농민회원들과 함께였다.

지독한 밥노동. 누군가에게 어머니의 밥상은 아름다운 추억일지 몰라도 어머니라는 이유로 쉴 새 없이 매일 세끼를 차려야 하는 밥노동은 참 모질다. 할머니도 때로는 눈물 날 만큼 밥하기가 싫었다. 그런 날에도 할머니는 산에서 들에서 자연이 내어 주는 대로 밥상을 차렸다.

"특별히 좋아하고 이런 거 없어요. 나는 아무 끼나 다 좋아해요. 산이나 밭에 나는 대로. 누가 사다 주는 게 아니니까."

할머니에게 제일 좋아하는 음식이 뭐냐고 물었는데, 할머니는 다 좋다고 하셨다. 시골에서 맛있는 음식이란 밭에서 나는 대로 먹는 거라 사실 좋고 말고 할 음식이 따로 없다.

"내가 좋아하는 음식은 생각을 안 해봤어요. 어른들 상 차리고 일꾼들 상 차리고 그것만 생각하는 거니까. 먹을 꺼 생각할 여가도 없고. 다진고추찜은 딸이 좋아하니까 한 통씩 가져가라고 해놓고."

할머니가 좋아하는 음식은 따로 없다. 사실 농촌에서는 도시 사람들처럼 매일 맛집을 검색해서 찾아다니는 삶이 불가능하다. 오늘 점심은 일식, 저녁은 양식으로 고를 수가 없다. 음식점이 없거니와 도시에서의 소비 중심 음식문화로는 농촌의 삶을 유지하기가 어렵기 때문이다. 할머니는 그때그때 나는 풀들로 밥상을 차린다. 그러나 매일 같지만 다른 밥상이다. 때로는 삶고 때로는 볶고 가장 잘 어울리는 요리법과 양념으로 찬을 준비한다. 화려한 도시의 밥상에 비하면 참으로 소박하고 간소하다.

"우리가 유기 농사를 지으니까 밭에 가면 토종으로 난 대로 먹어요. 상추 나

면 상추 먹고, 배추 나면 배추 먹고. 뭐라도 농사지은 걸로 먹어요."

할머니는 가족들이 좋아하는 음식은 다 꿰고 있다. 다진고추찜은 딸들이 좋아하고 밀가루 부쳐 쪄낸 고추찜은 남편이 좋아한다. 나이가 들고 이제야 열댓 명이 넘는 사람들을 위해 준비하는 고된 밥상노동에서 벗어났다. 그러나 할머니는 여전히 음식을 넉넉히 준비한다. 그래서일까 할머니의 장독대에는 국자가 항상 들어 있다. 할머니가 밭에 나가서 일하느라 집에 없어도, 근처에 사는 다섯 딸들이 언제든 필요한 장을 퍼갈 수 있게 넣어 둔 것이다.

"시집오기 전에는 밥도 할 줄 몰라요. 시집와서 어른들 하는 거 보고 따라하고 생각나는 대로 하고. 토종 음식으로 먹는 대로 했지."

사실 할머니는 시집을 오기 전에는 밥도 못했다. 시집오고 나서 모두 보고 배웠다. 농사를 지어 장 담그는 것까지 하나에서 열까지 모든 것을 내 손으로 해야 하는 일은 쉽지 않았다. 힘든 시절이었다. 열두 식구를 건사하면서 유기농을 한다고 손가락질 받고 농민운동을 한다고 빨갱이라 욕먹었다. 그래도 부부는 농사지어서 육 남매 공부시켜 대학 보내고 좋은 음식 먹으며 건강하게 살 수 있었다. 할머니는 무엇보다도 아이들의 정신을 바르게 키운 것이 가장 큰 보람이라 말했다. 아마도 당신이 바르고 또 바르게 살았기 때문일 것이다.

요즘 할머니는 봉강마을 언니들 모임에 나가느라 재미가 있다. 2009년 만들어진 언니네텃밭 제철꾸러미 봉강공동체에 할머니도 여성 농민 생산자로 함께하고 있기 때문이다. 매주 도시 소비자들에게 보낼 꾸러미도 싸고 회원들과 함께 서울에서 열리는 여성농민대회도 다니느라 심심할 틈이 없다.

"내가 자리라도 차지해서 도와야겠다고 생각해서 따라가요. 따라가서 앉아 있고. 농민회를 오래하면서 우리가 손수 농사지은 거를 먹을 수 있다는 게 감사해요. 내가 농사지어서 자식도 주고 그래야지."

할머니는 여성 농민이라는 사명감을 갖고 우리 농사를 우리 손으로 지켜야 한다고 힘주어 말했다. 할머니는 여성 농민 후배들의 활동에 큰 도움이 안 되더라도, 따라가서 앉아라도 있어야 한다는 생각에 아스팔트 농사를 지으러 어디든지 함께 간다.

"죽기 전까지 내 손으로 내가 농사지어서 먹어야겠다."

할머니는 여태 농사로 먹고살 수 있어서 감사하다고 했다. 젊은 농민들도 고생하며 농사지은 농산물의 제값을 받아서 잘살 수 있길 바랐다. 할머니가 여성 농민으로 살아온 지난 세월은 농사일로 힘들었지만 또한 농사일로 위안을 얻은 삶이었다.

"농촌에 와서 내 손으로 농사지어서 먹으면 나가는 돈이 없어요. 돈은 나락 농사지으면 나오거든요. 농촌에는 부지런하면 먹고살아요. 이모작도 하고 삼모작도 하고. 부지런하면 돼요. 남도 도와주고. 농촌에 산다고 공부 못 시키고 그런 거 없어요. 아들 공부도 시킬 수 있고 음식도 해먹을 수 있고. 아이들 정신 바르게 자랄 수 있고."

생명을 살리는 희망, 그 신념 하나로 평생을 살아왔다. 씨앗을 지키고 농사를 지키고 생명을 지키는 삶이었다. 희망의 씨앗은 봉강마을과 한국을 넘어서 아시아, 아프리카 오지에까지 퍼졌다. 할머니 부부는 35년째 매년 겨울 농한기에 선교 활동으로 아시아, 아프리카 오지의 농민들을 만나 왔다. 바다와 강을 건너 깊은 산골짜기 마을로 찾아가 농민들에게 유기 농법을 전수했다. 인도네

시아의 카카오 농민에서부터 파푸아뉴기니의 카사바 농민에 이르기까지 현지 농민들에게 현지 작물에 대한 농사법을 배우기도 했다.

  할머니는 자연이 주고 또 내어 준 것처럼 쉼 없이 생명을 살리고 누군가를 돌본다. 그 돌봄 속에서 할머니도 커다란 자연의 보살핌을 받는다. 누군가가 알아주고 기억해 주지 않아도 괜찮다. 할머니는 오늘도 누군가를 위해 희망의 밥상을 차린다. 이 밥상으로 당신이 좀 더 건강하고 행복하길 바라면서 말이다.

밥도 옥시기도 같이 먹어야 제맛이여

강원 횡성 이연수

"시집도 안 가고 애도 안 낳고 맨날 연구만 해라. 나이 잔뜩 먹어서 언제 시집가려고?"

오랜만에 만난 이연수 할머니는 나를 보자마자 잔소리를 늘어놓으셨다.

"할머니, 연구할 게 얼마나 많은데요."

나는 피식 웃으면서 대꾸했다. 올해로 일흔아홉인 이연수 할머니는 나를 볼 때마다 나이 잔뜩 먹고는 공부만 한다고 번번이 혼낸다. 할머니와 나의 인연은 내가 2010년 여성 농민의 토착 지식에 대한 석사 논문을 진행하면서 시작되었다. 이연수 할머니는 여성 농민들이 주도해 온 토종씨앗 지키기 운동에서 중요한 인물이다. 횡성여성농민회에서는 윗세대 여성 농민들이 보전해 온 토종씨앗과 토종 농사 지식을 모아 내기 위해 2007년부터 횡성 지역 토종씨앗 현황을 조사했다. 여성농민회 회원들은 횡성의 마을 곳곳을 돌아다니며 씨앗을 조사하였다. 그 결과 대개 지역의 할머니들이 다양한 토종씨앗을 보관하고 있었다. 시어머니에게서 물려받은 토종씨앗을 계속해서 심어 왔던 이연수 할머니는 실태 조사 과정에서 여성농민회와 인연을 맺었다. 나는 횡성여성농민회의 소개로 2010년에 처음 할머니를 만났다. 그해 여름 할머니의 집에서 먹고 자고, 농사일과 부엌일을 거들면서 연구를 진행했다. 그 이후로도 논문을 갖다 드리러, 인터뷰하러, 토종 옥수수를 사러 할머니 댁에 들렀다. 내가 할머니가 사는 포동리에 들린다고 하면 할머니는 말로는 표현하지 않지만 언제나 한 상 가득 밥상을 차려서 기다렸다.

"밥 더 갖다 먹어. 어여 많이 먹어. 밥 조금 했으니까 먹고 옥수수 갖다 먹어."

한창 바쁜 농번기인데도 할머니는 밥상에 갖가지 반찬을 내어 놓았다. 올봄 뒷산 부엉바우에서 끊어다 말려 놓은 세발고사리볶음에 새로 담근 조선배추김치, 얇고 바삭한 배추전, 탱글탱글한 밤묵, 쌉쓰름한 비름나물에다 호박무침, 고추볶음 등등 무릎도 안 좋으면서 이 많은 음식을 혼자서 어찌 하셨을까 싶다.

"할머니 몸도 안 좋은데 뭐 이리 많이 차리셨어요? 같이하자니까."

할머니는 대꾸도 없이 고사리볶음을 내 밥숟갈 위에 올려 주신다. 무릎은 괜찮으냐고 물으니 요새도 계속 아프단다.

"주사 한 대가 이만 원이야. 비싸서 못 가."

할머니는 하루에 서너 대 지나가는 버스 시간에 맞춰 시내에 나가는 것도 힘들지만, 아픈 무릎에 맞는 주사 값이 비싸 쉽사리 맞지 못한다. 함께 사는 남경우 할아버지는 할머니보다 더 건강이 좋지 않아 무릎이 아무리 아파도 농사일이며 집안일이며 모두 할머니의 몫이다.

"할머니, 연우랑 경수가 안 보이네요."

재작년만 해도 집 바로 옆 조그마한 헛간에는 할머니의 이름을 딴 엄마소 연우와 할아버지의 이름을 딴 아들소 경수가 살고 있었다. 소 먹이는 일이 보통은 아니지만 두 마리의 소는 할머니의 큰 기쁨이었다.

"작년에 소 팔았지. 사료가 비싸서. 적적해."

치솟는 사료 값에 두 내외는 감당이 되지 않아 결국 소를 팔았다고 했다. 평소에 말이 많지 않은 할머니는 연우와 경수 앞에서는 수다스러웠다. 잘 잤느냐고, 밥 꼭꼭 씹어 먹으라고, 오늘은 많이 덥다고, 내일은 많이 춥다고 다정하게 말을 걸었다. 할머니에게 소는 평생 말동무였던 동시에 아들들 공부시키고 장가보낼 수 있었던 고마운 후원자였다. 그런 소들을 다 팔았으니 얼마나 적적하실까.

모든 걸 내어 주는 밥상

이연수 할머니가 사는 동네는 횡성군 갑천면 포동리다. 넓은 하천 위로 나 있는 다리를 건너면 야트막한 산으로 둘러싸여 있는 조그마한 동네가 나온다. 옛날에는 열여덟 가구가 살았는데 댐이 생기면서 마을이 잠겨 이제는 다섯 집만 남았다. 할머니의 여름 밭에는 일 년 내 밥상에 올릴 재료들로 가득하다. 토마토와 수박을 제외하고는 죄다 토종이다. 오이, 노각, 들깨, 참깨, 땅콩, 옥수수, 수수, 메주콩, 검은콩, 흰콩, 팥, 녹두, 당근. 신기한 것은 토마토와 수박은 사다 심은 개량종자인데 할머니가 그 씨를 받고 또 받아서 계속 심고 있다는 것이다. 사실 개량종자는 터미네이터 종자라고 하여 다음 세대를 산출하지 못하는 발아 능력이 없는 소위 불임씨앗이다. 그런데 할머니는 개량종자를 육종하여 마치 토종씨앗처럼 씨앗을 받아서 매년 심고 있는 것이다.

"이게 당뇨에 좋다네. 먹어 봐."

할머니는 뒷마당에 수북하게 자란 비름을 삶아서 고추장, 파, 마늘, 간장, 참기름 넣고 무친 나물 접시를 내 앞으로 밀어 놓았다. 할머니의 밥상에 비름나물은 사시사철 빠지지 않는다. 따로 돌보지 않아도 봄, 여름에 제 홀로 쑥쑥 자라는 비름은 나물을 무쳐 보리밥에 비벼 먹으면 꿀맛이다. 밥 차릴 시간도 빠듯한 농번기에 비름나물 넣은 비빔밥은 한시름 덜 수 있는 고마운 밥상인 셈이다.

비름은 겨울에도 좋은 반찬이다. 삶아서 말려 놓은 비름은 한겨울에 볶아 먹기 좋은 묵나물이다. 할머니의 밥상에 또 빠지지 않는 것이 쇠비름김치다. 할아버지가 삼시 세 끼 챙겨 먹는 쇠비름김치는 두 분 내외에게는 없어서는 안 되는 음식이다. 13년 전 남경우 할아버지는 뇌경색으로 쓰러져 3년 넘게 꼼짝도 못하고 누워 있었다. 다행히 할아버지는 지금은 좀 불편하지만 자유롭게 거동하신다. 할머니는 할아버지가 이렇게 건강해질 수 있었던 것이 다 쇠비름김치 덕분이라고 생각한다. 그래서 할아버지 밥상에는 항상 할머니가 담가 놓은 쇠비름김치가 빠지지 않는다.

"줏어서 말려 가지고 담갔다가 골라서 갈아서 말려서 쒀야지."

하얀 윤기에 탱글탱글한 밤묵은 할머니가 제일 좋아하는 음식이다. 그러나 손이 많이 가서 자주 해먹기는 어렵다. 할머니표 밤묵 만드는 비법은 이렇다.

가을 뒷산에서 주워 놓은 토종 밤을 바짝 말려서 갈아 놓은 후 물이랑 섞는다. 물 아래 가라앉은 하얀 밤 녹말만 건져다 이틀 정도 바짝 말린다. 말린 밤 녹말가루를 물이랑 섞어서 계속 저어 주면서 끓이면 탱탱하고 부드러운 밤묵 완성. 밤묵은 금방 상해서 바로 만들어서 먹는 게 좋단다. 보통 밤묵은 횡성에서 명절 음식으로 많이 먹는다. 할머니 말에 따르면 옛날에는 감자묵도 많이 만들어 먹었다고 한다.

"할아버지는 항상 된장찌개가 있어야지."

할아버지를 위해 할머니는 항상 된장찌개를 끓인다. 3년 묵힌 할머니표 막장에 멸치, 버섯, 새우, 표고, 다시마를 직접 갈아서 만든 양념 한 숟갈 넣고 두부, 감자, 제철 채소를 넣어서 끓인다. 할머니표 막장은 집된장에 고추씨와 고춧가루를 빻아서 만든다. 된장찌개에 들어가는 재료는 철마다 다르다. 봄에는 아욱, 여름과 가을엔 배추와 호박, 겨울엔 시래기와 무가 들어간다. 할아버지와 달리 할머니는 뭐든 들기름에 볶은 걸 좋아한다. 고추볶음, 호박볶음, 노각볶음, 여름엔 볶아 먹을 것이 많아 참 좋다.

할머니의 레시피 중 지금도 내가 써먹는 것이 하나 있다. 바로 감자와 고구마 밥이다. 밥을 할 때 감자나 고구마를 먹기 좋게 썰어서 쌀 위에 올려서 밥을 짓는 것이다. 따로 감자와 고구마를 삶지 않아도 밥이랑 함께 해먹을 수 있으니 편해서 좋다. 심심한 밥에 감자와 고구마물이 들어 밥 먹을 때 밥 향도 구수해진다.

"배추전은 얇게 부쳐야지. 더 부쳐 줄게 더 먹어."

멥쌀가루를 물에 묽게 풀어 반죽을 만든다. 들기름을 두른 솥뚜껑에 반죽

을 얇게 펼쳐 낸다. 반죽을 겉에서부터 안쪽으로 돌려가며 부으면 전이 동그랗게 부쳐진다. 펼쳐진 반죽 위에 소금에 절여 놓은 배추와 부추를 가지런히 얹어서 전을 뒤집어 익히면 배추전이 완성된다. 무쇠 솥뚜껑에 기름을 두를 때는 음식하고 남은 가지나 호박 꼭지에다 들기름을 묻혀서 바르면 편하게 기름을 두를 수 있다. 들기름 향이 가득 밴 바삭한 배추전은 삼삼하면서도 고소해서 먹다 보면 서너 장은 거뜬히 해치운다.

알록달록 알알이 여문 옥수수 같은 삶

"밥 다 먹었으면 어서 옥수수 갖다 먹어."

밥 한 그릇을 다 먹고 나니 이제는 찐 옥수수와 호박, 토마토, 쥐이빨옥수수 팝콘을 가져다주신다. 할머니의 여름 농사 주 수입원은 옥수수다. 지난주 수확한 옥수수 2,700개는 한 상자에 30개씩 90상자를 모두 택배로 부쳐서 완판했다. 고객들은 한 해 두 해 늘어난 지인과 단골들이다. 할머니네 옥수수는 맛이 찰지고 달아 한번 먹으면 매년 주문하게 된다. 농사는 모두 할머니가 짓지만 판매할 때는 할아버지가 꼭 있어야 한다. 글자를 모르는 할머니 대신 할아버지는 택배 주소 쓰는 역할을 한다.

"옥수수는 바로 따서 쪄먹는 거 하고 하루 지나서 택배로 받아서 먹는 거랑 맛이 달러."

할머니는 바로 따서 쪄먹는 옥수수가 제일 맛있다고 연신 옥수수를 권하신

다. 여름 내내 옥수수는 할머니와 할아버지의 주요 간식이다. 요즘은 대부분 찰옥수수를 먹지만 옛날에 강원도에서는 메옥수수를 많이 먹었다. 쌀이 귀한 시절 맷돌에 간 메옥수수는 쌀을 대신하는 밥이었다. 어릴 적 쌀밥 대신 얼마나 옥수수를 많이 먹었는지 오십이 넘은 할머니의 막내아들은 옥수수가 물려 이제는 먹지 않는다. 횡성에서 단오나 명절에는 옥수수칡떡을 해먹었다. 생 메옥수수를 맷돌에 갈아서 소금 조금 넣고 칡잎에 싸서 쪄먹는다. 옥수수칡떡은 밥 대신 먹을 수 있는 별미 중에 별미였다. 그러나 할머니는 메옥수수 씨앗을 놓쳐 버렸다. 키가 커서 잘 쓰러지는 메옥수수를 더 이상 심지 않는다. 그렇게 메옥수수 씨앗은 사라졌다. 찰옥수수로는 칡떡을 해먹을 수가 없다. 메옥수수와 달리 찰기가 많은 찰옥수수는 칡잎에 싸서 찌면 흘러내리기 때문이다.

"어서 와서 소화제 먹어."

손바닥 크기만 한 빨간 쥐이빨옥수수를 잘 말려서 들기름에다 튀긴 쥐이빨옥수수 팝콘은 어찌나 고소한지 아무리 배가 불러도 계속 손이 가는 간식이다. 할머니는 밥 먹고 나면 쥐이빨옥수수를 먹어야 소화가 잘된다며 아예 소화제라고 부른다. 토종 옥수수는 색깔이 참 다양하다. 빨강이, 노랑이, 알록달록이. 특히 쥐이빨옥수수는 크기가 작아 아이들이 쥐고 먹기에 참 좋다. 그러나 쥐이빨옥수수를 비롯한 토종 옥수수 농사는 쉽지가 않다. 키가 크게 자라고 꽃도 길쭉하게 자라서 태풍에 약하다. 개량된 옥수수 종자들은 키가 작아 태풍에 강하고 수확량이 많다. 그러나 토종은 비료를 주지 않아도 잘 자라는 게 강점이다. 쥐이빨옥수수는 수확할 때 바짝 말려서 따는 게 중요하다.

"옥수수 걷고 나면 콩이랑 깻잎 심지."

좁은 땅을 최대한 활용하기 위해 강원도에서는 대개 섞어짓기를 한다. 이연수 할머니도 7월에 옥수수를 모두 수확하고 나면 옥수수대를 베어 버리고 콩과 들깨, 참깨를 심는다. 이렇게 섞어 지으면 좁은 땅을 활용하는 것은 물론 땅심도 좋아진다. 할머니는 옥수수를 모두 수확하고 나서도 밭 한 귀퉁이에 지난해 바짝 말려 둔 옥수수를 한 알씩 떼어 심는다. 7월 말 옥수수를 심어 두면 추석 때쯤 수확을 하는데, 보고 싶었던 아들과 손자들에게 옥수수를 삶아 줄 수 있기 때문이다.

고통을 견디며 살아 내어 온 힘

"엄지랑 둘째 발가락 길이가 같으니 부모님 두 분이 오래 같이 사시겠어. 나는 둘째발가락이 길어서 아버지가 일찍 돌아가셨어."

할머니는 내 발가락을 만지작거렸다. 내 엄지발가락과 둘째발가락이 길이가 같아 엄마와 아빠가 오래 살 것이라며 본인의 엄지발가락보다 긴 둘째발가락을 아쉬워했다. 할머니는 일찍 세상을 떠난 아버지에 대한 그리움이 크다. 열여덟 살에 횡성읍에서 갑천면으로 시집온 할머니는 평생 농사를 지으며 가족들을 뒷바라지했다. 농사일이 고될 때면 돌아가신 아버지가 떠올랐다.

"참 야속해. 그리 가실 줄은 몰랐지. 평생 일만하다 가셨어."

할머니의 친정은 많이 가난했다. 친정아버지는 새벽 네 시면 남의 집 농사일을 돕는 품일을 나갔다가 밤 아홉 시가 되어서야 돌아왔다. 아버지는 매일 삯

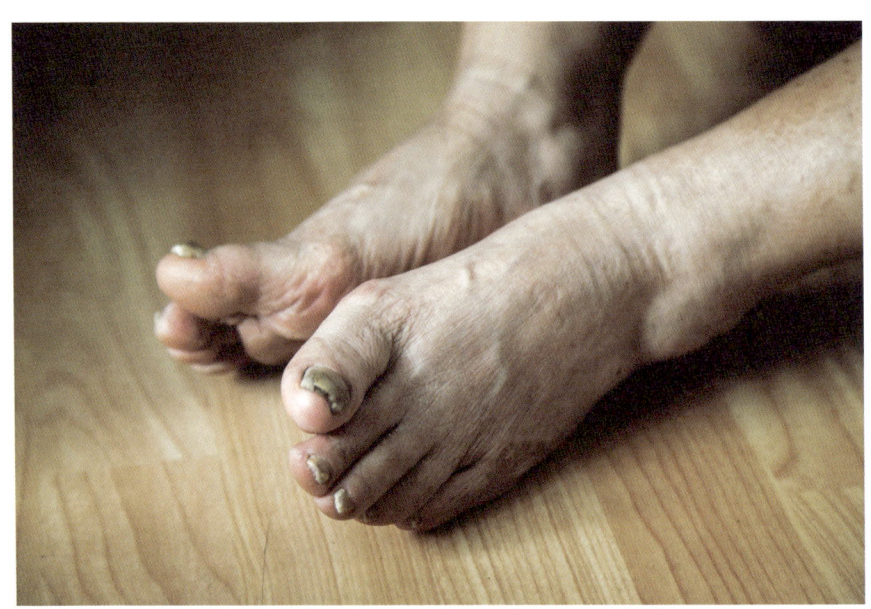

으로 쌀을 얻어 왔다. 아버지는 평생을 성실하게 일했다. 할머니는 그런 아버지로부터 농사일을 배웠다. 할머니가 스물셋 되던 해 아버지는 오십육 세의 젊은 나이로 갑자기 돌아가셨다. 원인은 폐렴이었다.

할머니는 아버지의 죽음을 생각하면 지금도 자다가도 가슴이 뻐근해진다고 했다. 아버지는 오로지 가족들을 먹이느라 평생 근면성실하게 일하신 분이었다. 아버지가 돌아가시고 난 후 어머니와 동생들은 모두 서울로 이주했다. 가족 중에 횡성에서 평생 농사를 짓고 사는 건 할머니뿐이다. 아빠처럼 평생 농사를 지으며 살아온 농부의 딸은 가슴이 뻐근해지도록 사무치는 그리움을 늘 마음 한 켠에 담아 둔다.

"부침개만 보면 아버지가 생각나. 얼마나 배가 고팠을까."

할머니는 부침개를 할 때면 아버지가 생각난다고 했다. 어릴 적에 한 날은 우물에 물을 뜨러 갔더니 할머니의 할머니가 부침개가 먹고 싶다고 했다. 집으로 돌아와서 저녁으로 부침개를 부치는데 마침 먼 데서 볼일을 마치고 집에 들어온 어머니는 딸한테 부침개 부치는 걸 시킨다고 아버지에게 역정을 냈다. 뭐가 그리 화가 났는지 어머니는 그 다음 날 아버지에게 점심을 가져다주지 않았다. 새벽부터 논에서 일했던 아버지는 새참도 못 먹고 얼마나 배가 고팠을까. 할머니는 그때 생각을 하면 아직도 마음이 쓰리다고 했다.

엄지발가락보다 둘째발가락이 더 긴 할머니의 발은 지나온 세월이 새겨져 있다. 육십 년 넘게 논일을 하느라 마를 날이 없었던 할머니의 발과 발톱은 가뭄에 흩어진 메마른 논처럼 건조하게 갈라져 있었다. 평생 무좀과 습진이 생기다 없어지기를 반복했다.

"시집와서는 시어머니한테 씨앗도 받고 농사를 배웠지."

할머니는 시집을 와서 본격적으로 농사를 짓기 시작했다. 시댁은 친정보다 가난한 집안이었다. 시어머니, 남편과 함께 살았는데 남편은 결혼하고 일 년이 지난 후 군대에 가서 사 년이 지나서야 돌아왔다. 할머니는 남편 없이 농사일을 책임지는 것은 물론 아이들을 키우고 시어머니를 수발하고 집안일을 해야 했다.

"그냥 사는 건 줄 알고 살았지. 울 것도 없어."

남편이 군대에 간 동안 할머니는 남편 몫까지 일해야 했다. 직접 땔감으로 쓸 나무를 해오고 물을 길러다 밥을 차렸다. 농사일과 집안일 사이사이에 아들의 젖을 물렸다. 그러나 시어머니는 번번이 게을러 터졌다고 구박을 했다. 시어머니의 시집살이가 있었지만 그래도 다행인 건 할아버지의 성품이 고왔던 것이다. 남편은 군대에서 돌아온 이후 가족의 생계를 위해 착실하게 일했다. 남의 집 품일도 하고 소도 키우면서 자식들을 공부시켰다. 그러나 아들 셋을 학교에 보내고 공부를 시키는 것은 쉽지 않은 일이었다. 최선을 다했지만 결국 두 아들은 중학교, 막내아들은 고등학교 이상 보내지 못했다.

마을에서 여성들을 모아 내다

"새마을 지도자를 팔 년 정도 했나? 부녀회장도 한 삼 년을 하고."

이연수 할머니는 국민학교도 졸업하지 못했고 글자도 모르지만 마을에서 새마을 지도자와 부녀회장을 지냈다. 서른이 되던 해 시어머니가 돌아가셨다. 삼년이 지나고 할머니는 처음으로 새마을 지도자와 새마을 부녀회장을 맡았다. 당시에 새마을 지도자 특히 부녀회는 마을 사업 기금을 마련하기 위해 김, 곶감, 젓갈 등의 상품을 공동 구매하여 동네 사람들에게 팔았다. 할머니는 당시 포동리 전체 7개 반의 부녀회장이었다. 자동차가 흔하지 않았던 시절 할머니는 부녀회원들과 함께 판매할 물품을 머리에 이고 두 손에 들고 집집마다 방문했다. 특히 농사일이 덜 바쁜 겨울에는 부녀회 일이 더 많아지는데, 할머니는 동네 가구마다 돌아다니느라 귀가가 늦었다.

"쫄쫄 굶고 앉아 있어. 얼마나 바보 같아. 왜 자기 손으로 밥도 못해 먹어. 속상하지."

새마을 부녀회장을 맡을 때 한 날은 일곱 개 부락을 돌고 밤늦게 지친 몸을 이끌고 집으로 돌아왔는데 아들 셋과 남편이 종일 쫄쫄 굶고는 방 안에 들어앉아 있었다. 할머니는 제 손으로 왜 밥을 못하는지 왜 자기만 기다리고 있는지 너무 속이 상했다. 결국 밤늦게 남편과 아이들의 밥을 차려 줬다. 할머니는 그때 생각만 하면 속이 상해서 눈물이 난다.

부녀회 일은 재밌었다. 매일 집과 농사, 가족들에게만 매여 있다가 다양한 사람들을 만나고 여기저기 다른 도시로 교육을 받으러 가는 건 신나는 일이었다. 주로 식량증산 교육과 같은 농업 교육을 받았는데, 주요 내용은 정부에서 보급하는 종자로 품종을 바꾸고 기계를 사용하라는 것이었다. 할머니는 그런 교육을 받아도 돈이 없어서 교육받은 대로 해볼 수 있는 것이 하나 없었다. 돈이 있는 집들은 종자도 바꾸고 기계도 사서 쓰기 시작했다.

"예전에는 여자들이 모여서 천렵도 하고. 저기 산중에 가서 밥해 먹고 놀고 소리하고 그러고 놀았잖아. 거기 가서 밥해 놓고 반찬하고 노래하고 놀고 가재 잡아서 구워 먹고 그랬지."

할머니는 천렵을 참 좋아했다. 천렵은 마을 여성들의 놀이문화였다. 부녀회 사업을 통해 모은 기금의 일부는 봄에 하는 천렵 때 썼다. 천렵은 마을의 여성들이 일상에서 벗어나 잠시간 숨통을 트이게 하는 해방구였다. 주로 봄에 하던 천렵은 여성들끼리 동네 뒷산이나 개울가에서 모여 맛있는 음식을 해먹고 노래도 부르고 춤도 추는 소풍이었다. 함께 모여서 먹는 밥상은 무엇을 먹어도 맛있었다. 여성들은 그날 하루 농사일과 집안일에서 벗어나서 자유롭게 쉴 수 있었다. 그러나 동네 뒷산과 계곡이 휴양림으로 지정되면서 마을 사람들은 더 이상 산에서 불을 피우고 음식을 해먹을 수가 없었다. 법으로 금지가 된 것이다. 어느 순간 천렵은 마을에서 사라져 버렸다.

할머니는 나이가 들면서 후회하는 것이 하나 있다. 새마을 지도자와 부녀회 활동을 할 적에 같이했던 사람들과 지속적으로 모이거나 계를 하지 못한 것이다. 할머니는 여든이 다 되어 가고 무릎 수술까지 받다 보니 오래 걷지 못한다. 운전면허가 없어 멀리 이동하는 데도 어려움이 있다. 주변 친구들도 사정이 그렇다 보니 서로 만나기도 쉽지가 않다. 할머니는 죽기 전에 그때 그 친구들을 다시 한 번 만날 수 있으면 좋겠다고 말했다. 며느리도, 아내도, 엄마도 아닌 이연수라는 이름으로 생애 가장 빛나던 그때 함께 일했던 친구들 말이다.

같이 먹는 밥상이 제일 맛있다

할머니네 엄마소와 아들소인 연우와 경수는 달달한 보릿대를 참 좋아했다. 할머니 집의 백구는 노각을 제일 좋아한다. 여름철 노랗게 익은 노각을 따다가 백구에게 잘게 부숴 주면 맛있게 꼭꼭 씹어 먹는다. 뒤뜰에 있는 닭장 속 닭들은 콩과 옥수수를 좋아한다. 여름이 되면 사람 밥상만이 아니라 백구와 닭의 밥상도 푸짐해진다. 할머니의 밥상은 항상 나누어 먹는 밥상이었다. 자식들에게 차려 주고 동네 이웃은 물론 함께 사는 동물들과도 함께 먹는 밥상이었다.

"결혼해서 둘이 먹어야 맛있어."

할머니는 결혼을 해야 하는 이유 중 하나가 같이 먹어야 밥이 맛있기 때문이라고 했다. 아무리 진수성찬을 차려도 결국 함께 먹는 이가 있어야 맛이 좋다. 토종이든, 제철이든 혼자 먹는 것보다 반가운 사람들과 여럿이 함께 먹는 것이 맛있는 밥상이다. 오늘 할머니는 멀리서 온 손님을 위해 밥상을 차렸다. 누군가를 생각하며 차려 낸 밥상이자 함께 먹기 위해 준비한 제철밥상이다. 돈을 벌기 위해서도 아니고, 내가 먹기 위해서도 아닌 자연이 내어 준 대로 차린 당신을 위한 밥상. 그것이야말로 토종밥상이 맛있는 이유다.

할머니의 토종밥상은 투박하다. 촌스럽고 단순하다. 그러나 할머니의 밥상은 계절이 담겨 있다. 계절마다 순환하는 자연을 체득한 밥상이다. 할머니는 어떠한 땅과 기후에, 어떠한 작물을 심는 것이 가장 좋은지, 수확한 작물로 어떠한 밥상을 차려야 하는지 눈으로 관찰하고 몸으로 경험해 알고 있었다. 할머니들의 지식은 객관적 기준으로 언어화되어 있지 않지만 실제로는 전문적이고 숙련

할머니
고추 밭에
갓서요
보고 십으면
밧으로 오셔요
보고 십은 아가씨

된 지식이었다. 사람과 자연이 담겨 있는 건강한 밥상을 위한 지식이었다.

"다 먹었으면 이제 가. 애 낳으면 키워 줄 테니 데려와."

할머니는 밥상을 치우고 설거지를 하려는 나에게 그만하고 서울 갈 채비를 하라고 채근했다. 비닐에 옥수수와 토마토, 호박과 오이를 담고는 서울 가서 먹으라고 챙겨 주었다. 마침 회관에 마실 나갔던 할아버지가 집으로 돌아왔다.

"아가씨 왜 이리 오랜만에 왔어요? 일 년에 열 번씩 오세요."

걸음걸이가 불편한 할아버지가 환하게 웃으며 나를 반겼다. 다시 서울로 간다고 하니 자주자주 오라고, 일 년에 열 번씩 오라고 말했다. 언젠가 할머니를 찾아올 때 밭으로 오라고 다정한 편지를 써주던 할아버지는 여전히 로맨티스트다.

살아갈 날보다 살아온 날이 많다는 것은 어떤 것일까. 고약한 시절을 온몸으로 견디며 버텨 온 삶이란 무엇일까. 떠나가는 것도 떠나보내는 것도 여전히 어렵기만 한 서른의 나에게 할머니들은 어떠한 인생의 비법을 전해 주는 것일까. 지금도 나는 모르는 것투성이다.

가을

꽃 암만 좋아도 사람 꽃이 제일 좋지

충남 부여 한건우

  뜨거운 가을볕이 붉게 물드는 구월의 끝자락에 풍성한 가을 밥상을 만나기 위해 충남 부여군 홍산면 홍양리로 향했다. 오늘 만날 할머니가 사는 홍양리 한희동 마을은 옛날 풍류를 즐기던 사람들이 많이 모여 살던 마을이다. 서울에서 부여로 향하는 버스 차창 밖 풍경이 울긋불긋 다채로웠다. 높고 푸른 하늘 아래 알알이 여문 곡식들로 가득한 논밭은 가을바람에 황금빛으로 출렁거렸다.

  이번에 만날 주인공은 올해로 79세인 한건우 할머니다. 마을 어귀를 지나 좁다란 논길을 따라 걸어가다 보면 한희동 마을 한가운데 소담한 일층짜리 양옥 주택이 하나 나온다. 바로 한건우 할머니의 집이다. 할머니네 집 마당은 보통의 농가와 달리 깔끔하게 정리되어 있었다. 거실과 부엌도 정리정돈이 잘되어 있었다. 바지런하고 말끔한 할머니의 성격을 엿볼 수 있었다. 할머니는 가을걷이로 바쁜 와중에도 인터뷰를 위해 급히 미용실에도 다녀오고 제일 아끼는 원피스로 깔끔하게 갖춰 입었다. 이토록 성실하고 부지런했기에 수십 년간 씨앗들을 차곡차곡 지켜 올 수 있었을 것이다.

한건우 할머니는 전국에서 유일한 부여의 '토종종자센터'와 '농생태학 실습소'의 알려지지 않은 과외선생님이다. 부여를 비롯한 충청도 지역의 대표적인 토종 생강과 토종 콩, 흰당근, 토종 삼동파 등 씨앗들은 모두 한건우 할머니의 손에서 다시 풍요로운 생명을 되찾을 수 있었다. 충남 부여에는 전 전국여성농민회총연합 사무국장이었던 올해로 44세인 신지연 농민이 관리 운영하는 '토종종자센터'와 '농생태학 실습소'가 있다. 이곳은 여성농민회와 부여군의 지원을 받아서 토종종자 채종과 육종 및 농생태학 교육과 실습을 위한 밭이 2015년부터 운영되고 있다.

농생태학이란 말이 사실 생경하다. 농생태학이란 농과 생태를 합친 말로 농민의 전통 지식과 지혜를 통합시킨 '과학'이자 농민에서 농민으로 전해져 온 지속가능한 농업 '실천'을 말한다. 농생태학은 '농민에게서 농민으로'라는 구호 아래 농민 스스로가 무엇을 어떻게 생산할 것인지를 결정할 수 있는 공동체의 권리이기도 하다. 따라서 농민이 스스로 지켜 온 지식과 기술, 종자가 농생태학에서는 중요하게 다루어진다. 종자 선별, 천연 퇴비, 섞어짓기와 돌려짓기와 같은 한국의 다양한 전통농업과 친환경 농법들도 농생태학에 포함된다.

농생태학에서는 지금까지 기록되지 않아 왔던 여성 농민의 지식과 기술이 중요한 자원으로 다루어진다. 할머니 농민들이 자연에서 얻은 재료로 두엄을 만들고 좁은 땅에 옥수수와 깨를 같이 심고 밭고랑에 콩을 둘러 심어 온 것은 그냥 해온 것이 아니다. 농생태학의 측면에서 섞어짓기를 통해 땅의 힘을 기르고, 계절의 온도와 기후에 맞는 작물들을 적절히 배치한 오랜 노하우와 지식의 보고다. 자연농업, 무비용 농업, 퍼머컬처, 자립 유기농, 비산업적이고 외부 투입이 없는 유기농, 생태농업, 지속가능한 소농의 농업 등이 농생태학의 다른 이름들이다. 부여로 귀농한 신지연 농민은 한건우 할머니로부터 농생태학이라고 이름 붙일 수 있는 지속가능한 '농' 기술과 지식을 전수받을 수 있었다.

땅 한 평 없이 살아온 세월

할머니는 씨앗 부자이지만 평생 제 땅 한 평 갖지 못하고 품팔이로 자식 교육시키며 살아온 가난한 소농이었다. 열여덟 살에 홍산으로 시집오면서 짓기 시작한 농사는 벌써 61년이 되었다. 땅이 없어 남에게 땅을 빌려 농사를 짓거나 이곳저곳 품을 팔러 다녔다. 그러나 할머니는 단순히 품만 판 것이 아니라 마을의 숨은 일꾼이자 리더였다. 동네 사람은 물론 부여 옆 논산, 홍성 등지에서도 농사 일손이 필요하면 언제나 할머니에게 도움을 청한다. 할머니는 젊은 시절 많을 때는 스무 명 넘게 마을 사람을 조직해서 충청 지역 구석구석에 품을 팔러 다녔다.

"아들 넷, 딸 셋, 칠 남매. 그래서 고생을 많이 했어. 누가 월급 타는 사람도 없지. 그래서 품 팔아서 먹고살고 아들딸도 가르친 거야. 아들 셋을 4년제 대학을 가르쳤어. 그래서 딸들은 못 가르쳤어… 나는 아예 학교에 들어가지도 못했어. 옛날에 일본 사람들이 칼 차고 총 차고 다녀서 무서워서 학교에 안 갔어. 그래서 공부를 못했어. 글 빼놓고 농사일은 못하는 것은 없어. 긍께 아들한테

이런 얘기는 들었어. 우리 엄마는 참 공부했으면 어떤 남자 지지 않는디."

 일제 식민지 시기 일본 순사가 무서워 학교를 가지 못했던 할머니는 부여군 장안면 학곡리에서 홍양리로 시집을 왔다. 아무것도 모르던 열여덟 철부지는 시집을 와서 모든 것을 제 손으로 해내야 했다. 시어머니, 시할머니를 모시고 장손인 남편과 함께 농사며 집안일이며 모든 것을 직접 해내야만 했다. 시댁은 땅 한 평 없었다. 남의 땅을 빌려서 농사를 지어 쌀이 열 가마니 나오면 일곱 가마니는 땅 임자에게 돌려주었다. 딸린 식구가 많아서 쌀 한 가마니면 딱 한 달을 버틸 수 있었다.

"가을이면 묵 장사하고 설 때면 두부 장사도 하고. 그래 가지고는 애들 못 가르쳐. 애들 가르쳐야 하니까 품 팔러 댕겼어… 밤도 따고 묵 장사하고 두부 장사도 하고 나물도 뜯고. 넘의 농사짓고 품 팔러 댕기고. 빚은 안 졌어. 빚 안 질라고. 지금은 품값이나 비싸지. 그때는 몇 푼이나 줬간디? 쬐금씩밖에 안 줬어."

 할머니는 오로지 식구들 배곯지 않기 위해서, 칠 남매 학비를 벌기 위해서 악착같이 살았다. 닥치는 대로 일을 했다. 남의 농사에 품도 팔고 제철마다 나는 재료를 손질해 장에다 팔았다. 고사리가 날 때면 고사리를 끊어다 삶아 홍산 장에다 내다 팔았고, 우렁이가 날 때면 우렁이를 잡아다 팔았다. 명절이면 두부와 묵을 쒀서 내다 팔았는데, 두부와 묵이 맛있기로 유명해서 명절이 다 가오면 서울 상인들이 트럭을 가지고 찾아왔다.

"내가 생각해도 생활력이 강한 것 같아. 어떻게 그렇게 했는지 몰라. 아무리 힘들어도 울더 안 했어. 눈물도 안 났어. 그저 일해서 빚 안 지고만 살라고. 빚은 안 졌어. 아래턱 꾀서 위턱 꾄다고. 아침에 돈 빌려 쓰면 저녁에 갚아 주고. 빚져서 돈 못 갚고 그런 건 없었어. 내가 품 팔고 일을 하나 더 해도."

사는 게 전쟁 같았다. 전장의 한가운데서 싸워야 했다. 그러나 내 삶에 나는 없었다. 그곳엔 항상 자식과 가족이 있었다. 할머니는 이제 여든을 앞두고 지난 세월을 돌이켜 보면 땅도 없고 돈도 없지만 바르게 살아온 빛나는 인생을 남겼다. 빚지지 않고 살기 위해 평생 땅 한 평도 사지 못했다. 땅 한 평 없었지만 그 덕에 빚 한 푼 안 내고 평생을 정직하게 살아왔다. 할머니는 마치 가을날 꽉 차게 여문은 붉은 수수를 닮았다. 여러 겹의 계절을 버텨 내며 어떠한 속임수도 없이 성실하게 알알이 붉은 씨앗을 맺는 수수를 떠올리게 한다.

반달콩, 흰당근, 삼동파로 차린 토종밥상

할머니는 글자는 모르지만 마을에서 없어서는 안 될 씨앗 박사이자 기술자다. 할머니는 충청 지역의 수십 가지 토종 콩과 팥을 비롯해서 다양한 작물들의 씨앗을 지켜 오고 있을 뿐만 아니라 농사법도 죄다 꿰고 있었다.

"중콩, 콩나물콩, 팥, 동부, 녹두, 준저리콩, 강낭콩, 완두콩도 있고, 다 있어. 팥은 왕팥이라고 빨간 거. 잔팥, 이팥, 재색팥도 있어. 글팥이라고. 글팥은 글갈을 때 심는다고 있어. 보리 심고, 밀 비어 내고 심는 것을 옛날에는 글 갈을 때 심는 거라고 했어… 굼벵이동부도 있고, 흰동부, 눈껌쟁이, 꺼먹동부, 재색동부도 있고, 별 게 다 있어. 다섯 가지도 넘어."

할머니는 씨앗 박물관이었다. 방망이수수, 찰옥수수, 메옥수수, 조선오이, 동이호박, 맷돌호박, 적상추, 흰당근, 가지, 생강 등 셀 수 없이 많은 씨앗을 보관하고 있었다. 할머니에게 씨앗과 농사법을 물어보면 각각의 씨앗을 심는 시기, 잘 키우는 방법, 채종 등 깨알 같은 농사 기술이 술술 나왔다.

"근대는 손으로 톡톡 훑어서 모으고, 상추는 잘라서 익으면 땅에다 투드리면 씨앗 떨어지면 말려서 보관하면 돼. 키질하는 것은 지저분하면 키질하고 안 그러면 그냥 껍질째 놔뒀다 뿌리면 돼. 상관없어… 녹두는 익기 시작하면 날마다 따야 돼. 날 좋을 때 놔두믄 다 터지고, 장마 지믄 쉽게 싹 나고 다 썩어. 그렇게 녹두들 많이 안 심어. 콩도 너무 마르면 탁탁 튀어. 가물면."

할머니는 작물을 쳐다보면 언제 수확해야겠다 오늘 안 하면 안 되겠다는 것을 딱 알아차린다. 60년 넘게 농사지은 경력 덕택이기도 하고, 원체 보는 눈이 좋기도 하다. 할머니는 평생 유기 농사꾼이었다. 그래서일까, 할머니 아들도 한살림 생산자로 유기 농사를 짓고 있다. 지금은 친환경 퇴비가 공장에서 만들어져 나오지만 옛날에는 모두 자연에서 얻어 손으로 만들어야만 했다. 봄과 여름 내내 소, 닭, 돼지 분뇨를 모으고 풀을 썩혀서 가을이면 논밭에 밑거름으로 사용했다. 할머니는 집 앞에 딸린 작은 텃밭이지만 고추 사이에 참깨를 심고, 마늘을 캐고 나면 녹두와 팥을 심어서 가을이 되면 풍성하게 수확할 수 있었다.

"우리 큰아들이 8월 6일 날이 생일이여. 보리 비고, 콩 심고, 찰수수를 심었는디, 가을 되면 찰수수가 익었응게 비어다가 털어. 안 마른 놈은 껍데기가 안 빠지고, 익은 놈은 쏙쏙 빠져. 빽빽 빻아서 얼개미에다 쳐서 수수망개떡을 해 줬는디. 그렇게 찰지고 맛있어."

할머니는 큰아들을 한여름에 낳았다. 아들 생일이 될 때면 시뻘건 뙤약볕 아래 보리를 베고 나서 수수를 심는다. 수수는 9월 중순에서 10월에 수확하는데, 망개떡을 해먹으면 참말로 별맛이다. 토종씨앗에는 그 지역 밥상의 역사가 담겨 있다. 부여에는 옛날부터 반달콩, 삼동파, 흰당근으로 차린 전통 음식이 전해져 내려왔으나 지금은 씨앗조차 찾기가 어렵다. 사실 이름부터가 다 생소하다. 처음 반달콩, 삼동파, 흰당근의 이름을 들었을 때 반달콩은 반달 모양의 콩이지 않을까 추리라도 된다지만, 삼동파나 주황색이 아닌 흰당근은 머릿속에서 그려지지 않았다. 가끔 생김새나 맛이 상상하기조차 어려운 토종씨앗 이야기를 들을 때면 저 먼 스페인 지방의 음식보다 더 멀게 느껴진다. 그만큼 토종씨앗과 토종밥상은 우리의 일상과 멀리 떨어져 있다.

"반달콩은 다른 콩보다 맛있어. 옛날에는 그걸 콩나물도 길러 먹는 거여. 밥에 먹어도 맛있고. 친정에서 두 가마씩 해가지고 나물 길러 먹고 밥에 먹고 이렇게 해서 다 없어졌어. 푸근푸근하니 맛있어."

밥에도 넣어 먹고 콩나물로도 기르는 반달콩은 짙은 밤색으로 납작하고 동그랗게 반달처럼 생겼다. 매년 가을에 두 가마씩 수확하면 밥 해먹고 나물 해먹느라 제일 먼저 다 먹게 되는 콩이었다.

"흰당근은 음력 7월에 가을 김장할 무, 배추 심을 때 그때 심는 거야. 그래야 나물 해먹기 좋아. 흰당근은 골을 타서 심는다든지, 그냥 뿌리고 득득 긁어서 심는 거야. 베면 솎아 내고, 모종은 안 해. 당근은 모종하면 가지 돋혀… 썰어서 양념해서 볶아도 되고, 쪄서 무쳐도 되고. 그냥 당근이랑 같은데 향이 훨씬 나아. 빨간당근은 색깔 내는 데 먹는 거고. 흰당근 나물이 독특한데, 당근을 길게 조각내서 그 상태로 삼발이를 놓고 쪄서 무르면 식혀서 양념해서 무치면 맛있어. 옛날 제사 음식이여. 매일 생으로 씹어 먹어도 좋아."

조선시대부터 전해 내려왔다는 토종 흰당근은 하얗고 작은 꽃을 피우며 뿌리가 하얗다. 보통 우리가 먹는 개량종 당근이나 무는 서리를 맞으면 상하기 때문에 서리가 오기 전에 수확해야 한다. 그러나 흰당근은 가을에 심어서 월동이 가능하다. 씨를 뿌리지 않아도 봄이 되면 뿌리에서 다시 싹을 틔운다. 한겨울에 흰당근은 무를 대신하는 하얀 나물로 제사상에 올릴 수 있었다. 흰당근은 향과 맛이 월등하다. 가을밭에선 아직 흰당근을 볼 수 없었지만, 작고 소박하게 만개한 흰당근 꽃은 안개꽃보다도 더 소담하고 예뻤다.

"삼동파는 시원해서 맛있고 안 물르고. 대가리가 큰 놈은 착착 생채마냥 가셔서 뿌려 봐. 맛있어. 그거 참 옛날 거야. 삼동파를 옛날에 양파 작은 거 장아찌 담그는 것처럼 간장에 그렇게 해먹으면 맛있어."

삼동파는 삼층파, 층층파, 삼층거리파, 삼동거리파 등의 이름으로 불리는 토종 파다. 삼동파는 시중에서 볼 수 있는 대파보다는 크기가 작은 중파로 말 그대로 세 개의 층을 이루고 있다. 뿌리 바로 위쪽에는 서양의 양파처럼 생긴 동그란 모양의 파가 달리고 그 위로 대파잎 모양과 같은 대가 쭉 뻗어 자란다. 맨 위에는 꽃이 아닌 새끼 파가 달리는데, 이것이 삼동파의 종자다. 삼동파는 새끼 파를 통으로 심어야 하는데, 씨앗 형태가 아니기 때문에 보관이 쉽지 않다. 삼동파는 추위에 강해 한겨울에도 파 줄기를 계속해서 잘라 먹을 수 있다. 단맛이 강하고 꽃대가 올라오지 않기 때문에 파 줄기가 부드럽다. 게다가 삼동파는 뿌리 쪽에는 양파처럼 먹을 수 있고, 위쪽 줄기는 대파처럼 먹을 수 있어서 일

석이조다. 특히 삼동파는 시중에 파는 파보다 단단해서 요리로 해먹기가 좋다. 보통 대파는 쉽게 물러져서 김치에 넣지 않지만, 삼동파는 김치에 넣어도 잘 무르지 않아 시원한 맛이 오래간다. 뿌리 쪽에 양파처럼 생긴 파는 장아찌를 해먹으면 달기도 달지만 무르지 않고 아삭아삭하게 오래 보관할 수 있다. 사각거리는 파잎은 볶음요리에 넣으면 식감이 좋아 입맛을 돋운다. 그런데 삼동파 농사는 쉽지가 않다. 종자 보관과 심는 것이 까다롭고 수확도 어렵다. 삼동파를 수확할 때는 호미를 사용하면 안 되고 감자 캐듯 조심조심 캐내야 한다.

할머니가 뚝딱 차려 낸 가을 밥상에는 갓끈동부, 어금니동부 넣어 지은 밥과 토종 삼동파를 삶아 무친 나물, 토종 가지무침, 토종 상추겉절이가 한 상 가득 담겨 있었다. 할머니의 토종밥상은 맛도 좋지만 울긋불긋 가을이 담겨 있어 색깔이 참 곱다. 적당히 매운맛이 좋은 붕어초는 밥상 곳곳에 양념으로 들어가 붉은 색감을 뽐내었다. 토종 들깨로 짜낸 향긋한 들기름이 밥상의 풍미를 돋았다. 삼동파 줄기로 무친 나물은 뜨거운 물에 데쳤음에도 무르지 않고 아삭아삭 식감이 좋았다. 파 특유의 매운맛과 함께 단맛 또한 강했다. 토종 가지는 삶아도 보라색 물이 나오지 않아 할머니의 성격처럼 깔끔했다. 토종 가지무침은 푹 삶아서 무쳤지만 씹는 맛이 무르지 않고 식감이 살아 있었다. 토종 삼동파도, 가지도 마치 단단히 살아온 할머니의 인생처럼 삶거나 익혀도 쉽게 무르지 않고, 아삭하고 생생하게 살아 있어 그 맛이 일품이었다.

할머니는 땅 한 평 없이 가난했어도 토종씨앗 덕에 밥상만은 철마다 가득 풍성한 맛으로 차려 낼 수 있었다. 특히 기록되지 않은 할머니의 농사 지혜와 손맛이 담긴 토종밥상은 값을 매길 수 없는 지식의 보고인 동시에 더 없이 소

중한 우리의 문화유산이다. 그러나 붙잡고 싶어도 조금씩 사라져 가고 있는 역사이기도 하다.

여자라서 그렇게 모질게 살았지

한건우 할머니의 생애는 녹록지 않은 시간들이었다. 할머니는 열여덟 살에 땅 한 평 없는 가난한 집으로 시집와서, 시어머니와 시할머니를 모시면서 칠 남매를 낳아 키웠다. 그때는 다들 시절이 그러했지만, 지금 생각해도 시집살이가 참으로 매서웠다.

"내가 시집살이를 엄청 했어. 쓸데없는 잔소리여. 내가 일을 못하나. 잘못한 것도 없는데 잔소리를 해. 시어머니는 88세까지 사셨지. 숨 떨어질 때까지도 나한테 화를 내고. 아주 질려 버렸어. 시집살이가."

시어머니의 매서운 시집살이를 막아 줄 사람은 하나도 없었다. 더군다나 남편은 가정폭력이 심했다. 젊어서도 나이가 들어서도 할아버지는 할머니에게 손찌검을 했다. 할아버지는 현재 건강이 좋지 않아 요양병원에 입원해 있다. 할머니는 그제야 할아버지의 폭력으로부터 벗어날 수 있었다.

"시엄니가 아들한테 내 욕을 하면 남편이 나를 그렇게 폭행하고 때리고. 자기 엄니 뜻만으로 산 사람이라. 그래서 나한테 폭력을 하는 거라. 시어머니가 나한테 폭력을 하고. 남편도 하고… 내가 마음이 참 아퍼. 아직도 그래. 속이 상하지. 젊을 때는 그렇다고 해도. 나이가 들어도 그래. 나이가 들어도 나한테 폭력을 해… 지금 이혼하면 뭣 허고 안 하면 뭣해. 살날이 얼마나 있다고."

왜 그렇게 참고 살았냐고, 지금이라도 할아버지와 이혼을 하는 게 어떠냐는 나의 어리석은 질문에 할머니는 다 지나간 일이라 했다. 새끼들 보면서 참아 온 세월이라고 담담히 말했다. 자식이 무엇이기에 왜 그렇게 참고 또 참아야만 했는지 비통한 시절이다. 여전히 지금도 한국 사회는 가부장적 문화와 성차별, 여성에 대한 폭력이 만연하지만 일제 식민지 시기와 독립, 개발독재를 거쳐 온 한국의 근현대사 속에 여성의 삶은 고통스럽다. 때로는 기괴하고 기구해 눈물과 분노 없이 듣기가 어렵다.

"옛날에는 냇가에서 빨래하고. 겨울엔 냇가에 절구 도구대 가지고 가서 얼음 깨서 빨래하고. 도구대로 고춧가루도 빻고 다 해먹었어. 물도 길으러 가고. 자고 일어나면 물부터 길어야지. 하루에도 몇 번 갔지. 빨래하고 밥하는 거는 아무것도 아니여. 힘든 줄도 모르고 그냥 하는 거여. 밤에는 모시하고. 대목에 애들 양말 한 켤레라도 사주려면 밤에도 베 짜고. 모시 혀서 날 새가면서 혔어. 시집와서 열여덟 살 때부터 다 했지. 우리 시할머니가 내가 모시 짜면 니가 짠 거는 어째 이래 부드럽고 좋으냐 그랬어."

할머니는 뭐든지 척척 손기술이 참 좋았다. 농사도 잘 지었지만 삼베도 잘 짰다. 음식 솜씨는 더 좋았다. 특히 명절이 다가오면 할머니가 만든 묵과 두부는 소문이 자자했다. 할머니는 명절이 되면 묵과 두부를 만들어 상인들에게 팔았다.

"한번은 묵을 하는디, 상수리를 백 가마를 사다가 했는디. 묵을 몇 틀을 했는지 몰라. 트럭에 포개서 얼마나 가져갔는지 몰라. 돈이 이만치, 이만치… 돈

만 한 주먹 챙겨서 갖고 왔지. 그걸로 상수리 값 주고 용돈 쓰고 했지."

얼마나 묵이 맛있었으면 추석마다 서울에서 상인들이 할머니를 찾아왔을까. 할머니에게 묵을 맛있게 만드는 비법을 물어보았다. 할머니는 묵을 만들려면 재료로 도토리보다 상수리나무나 굴참나무 열매가 으뜸이라고 했다. 특히 굴참나무 열매가 제일로 손꼽히고, 다음으로 상수리나무라고 했다. 상수리로 묵을 쓰면 도토리보다 묵이 배로 많이 나오기 때문이다.

"상수리를 절구통에다 빻궈. 빻구면 큰 얼개미를 곱게 쳐야지. 껍데기 빻구진 것만 남아 시루에다 짚을 추려서 깔어. 마포를 깔고 껍데기를 거기다 부어서 다독다독해. 그러면 가루가 나가. 처음에는 물이 쫄쫄 말간하게 빠져. 물을 계속 붓고. 그러면 저녁에는 걸러야 혀. 가루는 다 퍼서 자루에다 넣어서 다라에다 주물러서 붓고 짜서 걸러 놓고, 붓고 껍데기도 거르고 걸러서. 열 번은 넘게 혀야여. 한두 시간 지나면 착 가라앉아. 가라앉으면 쭉 따라내 버리고."

할머니는 묵을 하나라도 더 만들기 위해 상수리를 가루로 빻은 후 자루에다 넣고 물을 열댓 번 부어 내면서 묵 앙금을 만들었다. 떫은 성분을 없애기 위해 상수리 빻은 가루를 물에 침전시켜 앙금을 가라앉힌다. 고된 노동으로 어렵게 얻어 낸 가라앉은 앙금은 가마솥에 넣어다 바글바글 끓여 준다. 끓인 앙금을 틀에다 부어서 식히면 짠득짠득한 묵이 완성된다. 할머니는 가을날 허리 한번 제대로 못 펴고 수십 틀의 묵을 만든 덕분에, 추석이 되면 칠 남매 배불리 고깃국을 먹일 수 있었다.

"겁나게 고생했어. 여태 힘들게 살았지… 이제 살 만하니까 몸뗑이가 아프고 걷지도 못하고 그러지. 애들이 일 댕기지 말라고 하는데 나는 갑갑해서 놀러 댕길 겸 일하러 다니는 거여."

할머니는 그냥 견뎠다고, 당연히 그렇게 하는 것인 줄 알았다고 했다. 사실 끝없이 일을 해야 해서 힘들다 생각할 겨를도 없었다. 할머니는 일곱 새끼들 밥 안 굶기려고 여태 힘들게 살아왔지만 그 덕에 지금은 좀 살 만해졌다. 그런데 할머니는 이제 여든을 앞두고 있다. 이젠 팔다리며 허리며 성한 데가 없이 다 고장나 버렸다. 이제야 좀 살 만한데, 몸이 아프다고 아우성이다. 마음이 살 만하니 이제 몸이 죽을 맛이다.

시들지 않는 사람 꽃이 제일 좋지

한건우 할머니는 못하는 게 없다. 농사도 잘 짓고 음식도 잘하고, 주도적이라 사람들도 할머니를 잘 따른다. 인터뷰 내내 한건우 할머니의 휴대폰은 쉬지 않고 울렸다. 부여 사람은 물론 주변 지역 사람들도 농사 일손이 필요하면 할머니부터 찾는다.

"품 팔면 스물댓 명씩 데리고 댕겼지. 논산, 안성, 홍성 안 간 데 없지. 논산은 살다시피 했어. 이젠 힘들어. 사람도 없고. 품 팔 사람이 없어. 다 아프고 죽고."

같이 농사일하러 다니던 사람들이 하나둘 나이를 먹거나 세상을 떠났다. 할머니는 이제 함께 일 다닐 사람이 없다. 그래도 일손이 필요하다고 하면 부지런히 일을 다닌다. 할머니는 죽을 때까지 농사를 짓겠다고 했다. 노는 땅을 볼 수가 없는 것이다.

"죽을 때까지는 농사지어야지. 언제 죽을는지는 모르지만. 넘들은 일도 내년만 하고 안 한다. 나는 그런 이야기 안 해. 죽을 때까지 나는 할 꺼여. 힘들어도 해야지. 땅에 풀만 나고 그러면 어떻게 혀."

어디에서 저런 에너지가 나오는 것일까. 작은 체구에도 다부진 할머니는 일 해도 아프고, 안 해도 아프니 일하는 게 낫단다. 지금도 열심히 부여 곳곳에 농사 품일을 하러 다니신다. 할머니는 60년 가까이 농사를 지으면서 농사짓는 재미를 제대로 터득한 것 같았다. 할머니에게 이렇게 힘든 농사일이 어찌 그리 재미가 나는지 물었다.

"씨 뿌리고 이쁘게 크면 그때 좋지. 곡식을 많이 들여놓는 것보다 나실나실 하게 크는 거 보면 이쁘고 좋지. 농사짓는 사람이 그 재미여. 꼭 곡식해서 먹어서만 좋은 게 아니고 그게 취미여. 자라는 거 보면 재밌다고."

단순히 음식으로 해먹을 수 있어서, 돈을 벌 수 있어서 그 이유로만 농사를 짓는 것이 아니다. 조그마한 씨앗이 제 덩치보다 무거운 흙을 들어 올리며, 연둣빛 새싹을 틔우고 자라나는 생명의 힘, 그 자체가 농사의 재미다. 그래도 농사지어서 돈 많이 벌면 좋지 않나, 라는 질문에 여든이 가까운 한건우 할머니는 큰 울림 가득한 대답을 해주었다.

"돈? 돈 뭔 의미여. 맨날 주고받고 쓰고 사는 거지. 나는 돈돈돈 안 혀. 있으면 쓰고 없으면 안 쓰고. 돈이 있네 없네, 그런 소리 안 혀. 아침 먹고 저녁 먹을 것 없어도 걱정 안 혀."

돈에 살고 돈에 죽는 세상 속에서 할머니는 평생 가진 것 없이 살아왔지만, 언제나 씨앗과 땅이 내어 주는 그 선물 덕에 돈 걱정 없이 살아왔다. 돈이 없어도 열심히 농사지으면서 자식들 굶기지 않으며 살아온 세월, 그 시간을 버텨 온 강인한 내면의 힘은 그 누구보다 부자였다. 이제는 허리도 손도 다 구부러지고, 어디 하나 성한 곳 없는 몸이지만 할머니가 최고인 손녀딸들 덕에 이 세상 그 누구도 부럽지가 않다.

"손녀딸 내가 키웠응께. 그냥 사랑시러워. 조랑조랑 말을 얼마나 잘하는지. 우리 애들 키울 때는 일하다가 한쪽으로 쓰러져서 깨고. 그저 일 하나 더하려고 그랬는데. 손녀딸은 업고 댕기면서 놀고… 이쁘게 아침 먹으면 닦여서 머리도 이렇게 빗기고 저렇게 빗겨서 데리고 다니고. 지 어매 직장 다니느라고. 서울 손녀딸까지 넷을 키웠지."

젊은 날 먹고살기에 바빠서 자식을 제대로 거두지 못했다. 농사일 하랴, 집안일 하랴, 어르신 돌보랴, 내 자식 예쁘다고 눈길 한번 주기 어려운 시절이었다. 머리가 희끗희끗 백발이 되고서야 그제야 제 자식한테 못 준 사랑으로 손주를 돌본다. 열여덟, 너무 어린 나이에 생계의 책임을 져야 했던 할머니는 자기 자신을 사랑하는 법을 몰랐다. 오로지 생존을 위해 살아왔던 그 무수한 세월을 견뎌 낸 후에야 스스로에게 너그러워질 수 있었고, 누군가를 사랑할 수 있게 되었다. 할머니는 너무 늦게 알게 된 사랑 덕에 더없이 손녀딸을 사랑하고 또 사랑한다.

"꽃 암만 좋아도 사람 꽃이 제일 좋지. 별 꽃이 암만 좋다고 해도 몇 번 처다보면 시들시들하는데 사람 꽃은 안 그래. 꽃 좋은 것도 몇 번 봐봐. 안 좋아."

어떤 꽃이 제일 좋으냐는 질문에 할머니는 다른 꽃과 달리, 지지 않는 사람 꽃이 제일 좋다고 했다. 가난과 매서운 시집살이, 남편의 폭력에도 불구하고 사

람에 대한 믿음으로 살아온 할머니는 2015년 11월 서울에서 열린 민중총궐기에서 故백남기 농민과 같은 곳에 서 있었다. 할머니는 어찌 사람한테 그런 나쁜 짓을 할 수 있느냐고 너무 마음 아파했다. 할머니의 말대로 사람이라면 해선 안 되는 일이 갈수록 늘어나는 세상이다.

"뼈따구 안 아프게 일 언간히 하며 살라."

할머니는 젊은 여성 농민들을 만날 때면 일 많이 하지 말라고 신신당부한다. 본인이야말로 평생 농사노동, 밥상노동, 가사노동, 자녀 돌봄과 시부모 돌봄으로 일에 치여서 살아왔음에도 후배 여성 농민들에게는 적당히 일하라고 단단히 부탁한다. 본인은 힘들게 살아왔지만 후배 여성 농민들은 좀 덜 힘들게 살았으면 하는 바람이 담겼다.

씨앗이 있고 땅이 있으니까 짓게 된다는 토종 농사를 죽을 때까지 포기 못한다는 할머니를 만나면서 대체 그 힘은 어디서 나오는 걸까 하는 호기심과 경외심이 들었다. 부족한 문장으로는 할머니의 힘을 온전히 전하기 어려워 아쉬움이 가득하다. 그럼에도 불구하고 알 수 없는 두려움에 저항하지 못하고 살아도 산 것 같지 않은 절망의 시대에 낙담치 말자. 견디다 보니 살아지더라는 '할머니의 힘'을 당신에게 꼭 전하고 싶다. 살려고 사는 것이 아니라 살다 보니 살아지는 시간, 그 시간을 꼬닥지게 걸어가다 보면 이토록 깜깜한 터널의 끝에서 한줄기 빛이 보이지 않을까. 넘어지고 부서지더라도, 걸을 힘이 없어 웅크려 앉아 있더라도 괜찮다. 부디 함께 살자. 할머니가 차려 준 땅과 하늘의 기운 가득한 토종밥상 한 그릇 푹푹 떠먹고 함께 살아 내자.

못생기고 째깐해도 쉬나리팥이 으뜸이지

전북 임실 심옥례

  가을이다. 가을비가 부슬부슬 내리는 시월의 어느 날, 우리는 또 다른 할매 밥상을 만나기 위해 임실로 향했다. 회색빛 가득한 서울에서 벗어나 남쪽으로 내려갈수록 들판은 누렇고 산은 붉었다. 임실 시내를 지나 논두렁길로 들어서자 보이는 곳마다 붉은 단풍이 만개했다. 벌겋게 물든 만풍, 만약 죽는다면 시월의 가을이 좋겠다는 생각을 했다. 논두렁길을 지나자 야트막한 산으로 둘러싸인 작은 마을이 나왔다. 마을 초입에 있는 단층의 검은색 기와집 마당에는 벌써 할머니 한 분이 나와서 누군가를 기다리고 있었다.

"서울서 오느라 고생했어."

  올해로 여든다섯인 심옥례 할머니는 버선발로 우리를 반겼다. 할머니는 하얗게 반짝이는 머리칼에 웃는 모습이 참 곱다.

"여기를 현곡리 거먹골이라고 그려. 검은 암소가 이 골짜기서 살았어."

  심옥례 할머니가 사는 마을은 예부터 검은 암소가 산다고 거먹골 또는 검은 골이라고 불리는 현곡마을이다. 옛날엔 백여 가구가 넘게 사는 큰 마을이었지만 지금은 오십여 가구도 채 되지 않는다.

"육이오 사변 인공, 인공 때는 난리 났어. 빨치산이 드글드글하고. 이 마을이 인심이 좋았어. 다들 피난 왔었어. 사람들 숨겨 주고. 근데 옛날 어르신들 다 돌아가시고 젊은 사람들은 안 그려."

현곡마을은 예부터 인심 좋기로 유명했다. 한국전쟁 시기에 마을 사람들은 피난 온 사람들이든 도망쳐 온 사람들이든 남한 사람, 북한 사람 할 것 없이 모두에게 밥을 내주었다. 다행히 후한 인심덕에 잔인한 전쟁 통에도 누구 하나 희생당한 사람이 없었다. 그러나 할머니는 인심이 좋았던 마을 사람들이 이제 하나둘 세상을 떠나면서 마을 분위기가 옛날 같지 않다고 아쉬워했다.

"이것 좀 드셔. 오늘 밥이 좀 질어."

할머니가 밥을 푸기 시작했다. 할머니가 차린 밥상 위에는 새로 담근 파김치와 총각김치, 깍두기와 고들빼기무침, 멸치볶음과 토란찜, 된장찌개가 놓여 있었다. 밥 먹고 나면 후식으로 먹으라고 삶은 감자와 고구마도 잊지 않았다. 여든이 넘은 할머니가 새로 김치를 담그고 밥상을 준비하느라 얼마나 부산하게 움직였을까. 괜히 마음이 짠했다.

"너무 짜서 어떡해. 파김치가 짜지?"

"아뇨. 할머니 파김치가 너무 맛있어요. 이게 토종 파인가요?"

우리는 파김치가 하나도 짜지 않고 너무 맛있다고 대답했다. 토종 파로 담근 파김치가 얼마나 맛있었는지, 우리는 할머니에게 연거푸 파김치 이야기를 했다. 토종 파는 매운맛도 은근하고 단맛도 은근했다. 쏘아붙이는 매운맛의 개량 파와는 비교가 되지 않았다.

"마늘, 고춧가루, 매실, 새우젓 쪼금. 멸치액젓 담가 놓은 거 넣고. 다 토종이여."

파김치에 밥 두 그릇을 뚝딱 해치우는 우리를 보고 할머니는 밥 더 먹으라며 미소를 지었다. 내가 손맛이 좋은 게 아니라 다 토종을 넣어서 맛있는 거라며 수줍게 웃었다.

자식 돌보듯 지켜 온 씨앗

"전부다 토종이여. 일절 사질 않아."

할머니의 밥상은 모두 토종이다. 모두다 제 손으로 농사지었기에 가능한 밥상이다. 그러나 할머니는 토종으로 농사를 지어 밥상을 차리는 것이 쉽지 않은 고된 일이라고 말했다.

"토란, 생강, 고구마, 콩, 호박, 양파, 무, 땅콩, 파, 고들빼기는 일절 약을 안 하니까. 안 심어도 매년 알아서 나. 맨날 앉아서 풀 매느라고. 여름에도 방에 앉아 있을 수가 없어. 내일 가면 또 나고 내일 가면 또 나고. 질려 버렸어."

할머니는 토종 농사가 얼마나 지긋지긋한 풀과의 싸움인지 몸서리를 치며 말했다. 농약이나 제초제를 뿌리지 않으니 특히 여름에는 돌아서면 풀이 자라고 돌아서면 풀이 자라서 밭을 떠날 수가 없었다. 손으로 풀을 뽑고 벌레를 잡다 보니 허리와 무릎이 성할 날이 없었다. 그래도 할머니는 아직도 토종씨앗으로 짓는 농사를 포기하지 않았다. 환갑이 지난 자식을 둔 여든다섯의 어미는

자식들 먹이려 아직도 토종 농사를 짓는다.

"토종으로 먹으면 좋단 걸 안게. 자식들 해서 먹이느라 약을 안 쳐."

할머니는 아들 넷과 며느리, 손자 손녀들을 먹이기 위해 토종 농사를 손에서 놓을 수가 없다. 특히 아들 중 하나는 할머니가 보내 주는 토종 마늘이 없이는 밥을 못 먹는다고 했다.

"우리 아들이 마늘을 고추장에 찍어 먹는 걸 좋아해. 사서 먹는 건 못 먹겠다고 매 끼니 고추장에 찍어 먹어."

할머니가 농사짓는 토종 마늘은 육쪽으로 시중의 마늘보다 크기가 작다. 크기는 작아도 다행히 껍질은 잘 까진다. 그러나 많은 양의 마늘을 까는 작업은 여간 고역이 아니다. 자식들에게 보내 줄 마늘을 까느라 엄지손가락은 번번이 해지기 일쑤다. 그래도 할머니는 매년 마늘 농사를 빼놓지 않는다. 할머니가 농사지은 토종 마늘이 있어야만 밥을 먹는 큰아들 때문이다. 할머니에게 씨앗은 여든다섯이 되어서도 누군가에게 필요한 존재가 될 수 있게 한다. 할머니는 늙어 가는 아들이 맛있게 먹을 생각을 하면 힘든 농사일도 견딜 만해진다. 이제 아들에게 몇 년이나 더 먹일 수 있을까.

"할머니 저도 마늘 좀 주세요."

할머니가 농사지은 토종 마늘 맛이 어떤지 궁금했다. 할머니는 간장 종지에 깐 토종 마늘과 고추장을 담아서 가져다주었다. 시중에 파는 중국산 생마늘을 먹을 적이면 매번 속이 쓰려 눈물이 났다. 생마늘 트라우마 덕에 심호흡을 한 번 하고는 할머니의 토종 마늘을 고추장에 찍어 입에 넣었다. 그런데 먼저 마늘 맛을 보기도 전에 고추장이 너무 맛있어서 깜짝 놀랐다. 단맛은 약하고 들큰한 매운맛이 입안을 감돌았다. 마늘을 어금니로 씹어 물자 맵싸한 맛이 목구멍을 자극했다. 토종 마늘은 매웠지만 다행히 속을 쓰리게 하지는 않았다. 뒷맛은 개운하고 깔끔했다. 이래서 할머니 아들은 토종 마늘만 찾는가 보다.

"마늘은 거름을 많이 줘야 해. 삼월 달 사월 달에 거름을 두 번 더 줘야 해. 옛날엔 벌레가 없었는데 요새는 벌레가 끓어서 잡아 줘야 해."

할머니의 토종 마늘 농사는 겨울에 시작된다. 추워지기 시작하는 11월 초순이 되면 밭에다 마늘을 한 쪽씩 떼어 다가 줄 맞추어 심는다. 마늘은 거름을 많이 줘야 하는 작물이다. 할머니는 거름을 직접 만들어서 쓴다. 임실에서 소를 키우는 아들에게 소똥을 얻어 다가 나락껍질인 왕겨를 섞은 후 삭혀 만든다. 직접 만든 거름은 봄이 되면 3월과 4월 두 번에 걸쳐 마늘 밭에 뿌린다. 겨울에 심은 마늘은 꼬박 반년을 조금 넘게 키워 6월 초에 수확한다.

"고추장 담글 때 설탕, 물엿을 안 넣어. 내가 엿기름 담가서 고추장 담가. 그래서 단맛은 없어."

토종 마늘을 찍어 먹었던 고추장도 모두 할머니의 손을 거쳤다. 할머니는 고추장에 물엿이나 설탕을 넣지 않는다고 했다. 대신에 단맛을 내기 위해 직접 엿기름을 담가서 고추장에 넣는다. 그래서 시중에 파는 고추장에 비해 단맛은 적다. 그 덕에 고추장 본연의 맛을 더욱 느낄 수 있어 좋다. 그러나 고추장에 들어가는 엿기름을 만드는 작업은 고추장 담그는 작업만큼이나 지난하다.

6월에 수확한 껍질이 있는 겉보리를 하루 종일 물에 담가 불린다. 그런 다음 젖은 겉보리를 소쿠리 채반에 담아서 물을 뺀다. 나흘 정도 하루에 아침저녁으로 두 번씩 찬물에 씻다 보면 보리에 발 같은 뿌리가 나고 손 같은 싹이 난다. 싹이 나면 물에 씻는 것을 멈추고 채반에 널어 바짝 말리면 엿기름이 완성된다. 할머니는 음식 만드는 데 중요한 것이 맛도 맛이지만 무엇보다도 건강에 좋아야 한다고 음식 하나 만드는 데도 느릿느릿 둘러간다. 할머니는 느리지만 찬찬히 만든 음식 덕에 자식들 건강이 지켜지는 것 같아 마음이 든든하다.

째깐하고 못생겨서 맛깔나는 쉬나리팥

"팥도 여러 가지여. 쉬나리팥도 있고. 째깐해. 그게 젤 맛있어. 보기는 안 좋아도. 요것이 젤로 맛있는 거여."

할머니는 고방에서 망에 가득 담긴 팥을 내어 왔다. 보통 팥이라면 붉어야 하는데 할머니가 보여준 팥은 색이 거무튀튀했다. 검은색도 아니고 회색도 아닌 것이 쥐색이라고 해야 하나. 알록달록 검은 무늬에 팥알도 잘잘했다. 영 생김이 좋지 않아 과연 무슨 맛이 있을까 의심이 들었다.

"팥은 쉬나리팥이 제일 맛있어. 생긴 건 못생겨도 제일 맛있어. 유월 말이나 칠월 초에 심어. 일찍 심으면 너무 커가지고 쓰러져 버려."

할머니는 쉬나리팥이 생긴 건 못생겨도 맛은 제일이라고 칭찬을 아끼지 않았다. 할머니는 쉬나리팥이 팥 중에서 제일 달고 맛있어서 밥이나 떡에 넣어 먹어도 맛있고 죽이나 국수를 끓여 먹어도 맛있다고 했다. 쉬나리팥의 파종 시기는 다른 팥과 동일하다. 쉬나리팥을 비롯한 토종 팥들은 팔 한 마디 정도의 간격으로 드물게 심어야 한다. 게다가 거름을 많이 주면 썩어 버리기 때문

에 조심해야 한다. 사실 대부분의 토종 농사가 그러하다. 거름을 많이 주지 않아도 잘 자란다. 팥은 가을의 끝자락인 10월 말에서 11월 초에 수확한다. 특히 팥은 꼬투리가 노릇해질 때 바로 따야 한다. 익은 꼬투리를 계속 두어 말리면 꼬투리가 터져서 팥알이 바닥에 다 튀어 버린다.

"예팥은 더 넓게 심어야 해. 덩굴이 이렇게 커져서. 서로 얽혀 버려."

할머니는 크기가 조그마한 붉은색 예팥은 그 갸름한 생김새와 달리 덩굴이 크게 져서 쉬나리팥보다 더 넓게 심어야 한다고 당부했다.

"예팥은 죽을 쑤면 빨갛게 색이 이뻐. 떡, 밥, 죽 다 해먹어."

예팥은 쉬나리팥과 달리 색깔도 선명하게 붉고 예쁘게 생겨 더욱 눈길이 갔다. 그래도 할머니는 맛은 쉬나리팥만 한 것이 없다고 연신 쉬나리팥을 챙겼다. 밥상의 재료는 단지 생김으로만 보는 것이 아니라 그 쓰임과 맛을 보아야 하는 것, 우리는 이 단순한 진리를 늘 잊고 산다. 겉보기 좋은 재료, 맛보다 멋지게 차려진 음식, 겉모습만을 추종하는 삶이 익숙해져 무엇이 껍데기이고 무엇이 알맹이인지 분간하기가 어렵다.

"팥을 삶어. 삶아 가지고 폭 무르면 그놈을 걸러. 소쿠리에 걸러서 껍질을 벗겨서. 새심이를 만들어서 넣어 먹고 칼국수 해먹을라면 국수를 넣어 먹고. 아니면 떡 해먹고 그려."

할머니에게 팥은 요긴한 씨앗이다. 할머니는 농사일이 덜 바쁜 겨울이 되면 팥으로 다양한 음식을 해먹는다. 이맘때가 되면 쌀밥도 지겨워진다. 이때 팥은 지난한 겨울 한가운데 활력을 주는 밥상으로 변신한다. 팥으로 음식을 해먹을라치면 잘 삶는 것이 중요하다. 팥은 푹 퍼지도록 삶아야 맛이 좋다. 팥을 푹 삶고 나면 껍질을 벗겨 부드럽게 걸러낸다. 부드럽고 걸쭉한 팥 국물이 만들어지면 찹쌀로 빚은 옹심이를 넣어 팥죽을 해먹거나 국수를 썰어 넣어 팥칼국수를 해먹는다. 할머니의 다양한 팥 요리법을 듣고 있자니 왜 할머니가 쉬나리팥을 아끼는지 그제야 이해할 수 있었다. 밥이 지겨워지는 한겨울 달짝지근 색다른 밥상을 만들어 주는 쉬나리팥을 어찌 사랑하지 않을 수 있으리.

"옛날 같으면 팥으로 죽도 쑤고 떡도 했을 껀데, 나이가 들어서 이젠 못해."

할머니는 먼 데서 온 손님들에게 팥 맛을 제대로 못 보여줘 아쉬워했다. 마음 같아서는 팥죽도 쒀주고 팥떡도 쪄주고 싶었다. 할머니는 마음만 앞섰다. 뼈 걱거리는 몸이 천근만근이라 겨우 팥밥만 해줬다고 못내 아쉬워했다.

"아들들이 농사 못하게 해. 다 걷어 버린다고. 내가 올해만 하고 안 할란다. 올해 졸업한다고 했어. 죽어도 안 혀."

어디 음식하는 것만이 힘들겠는가. 사실 농사만큼 힘든 것이 또 있으랴. 할머니는 나이가 들수록 농사가 힘겹다고 말했다. 제 말을 듣지 않는 팔다리가 야속하다. 아들들은 할머니를 보러 올 때마다 이제 농사 그만 지으라고 매번 성화다. 할머니의 네 아들 중 한 명은 힘들게 농사짓는 게 마음 아파 할머니가 담가 놓은 김치 한 쪽도 가져가지 않는다.

"씨앗을 안 둬야 안 해."

할머니는 농사를 안 지으려면 씨앗이 없어져야 한다고 했다. 할머니는 씨앗이 있는 한에는 철마다 농사를 지을 수밖에 없다. 어쩌면 좋을까. 할머니의 집 처마 아래를 비롯해 방 구석구석에는 온갖 씨앗들이 데굴데굴 굴러다녔다. 씨앗들 때문에 자식들의 원성에도 할머니의 농사가 끝나지 않을 것 같아 괜한

걱정이 들었다.

두 딸을 먼저 떠나보낸 아찔했던 시간들

"요거는 강낭콩, 요거는 호랭이콩, 고거는 속청콩."

할머니는 올가을에도 다양한 토종 콩을 수확했다. 특히 검은색의 속청콩은 밥에 넣어 먹거나 떡을 해먹으면 맛이 좋아 할머니가 반드시 놓치지 않고 심는 콩이다.

"시어머니, 친정어머니가 준 씨앗이야. 오일장에 가져가면 다들 산다고 난리래."

할머니는 평생 농사지은 토종 콩을 비롯해 다양한 토종씨앗들은 모두 두 어머니로부터 물려받았다.

"할머니, 그럼 할머니는 시집와서 농사짓기 시작했어요?"

할머니는 손사래를 치며 말했다.

"스물한 살에 결혼해서 들어왔는데. 겁나게 부자여. 머슴이 여섯에 소가 여섯 마리여. 우리 시아바지가 땅나구 타고 댕기고. 기와집이 세 개여."

할머니는 임실군 성수면 월평리에서 태어나고 자랐다. 할머니의 아버지는 부잣집에 시집가서 편히 살라고 할머니가 스물한 살이 되던 해 현곡마을로 시집을 보냈다. 부잣집이라고 해도 항상 일손이 모자라 할머니는 시어른들을 따라 농사일을 도왔다.

"무서워서 혼났어. 집안이 너무나 큰 집안이라 어려웠어. 어른들이 무서웠고. 다 점잖고 큰 사람들이라. 시어머니는 시집살이 안 시켜. 동서가 시켰지. 큰동서가 너무 똑똑해. 왜정 때 학교 나와서. 잘나가꼬. 무서워. 괜히 혼날 때가 있지."

"근데 육이오 사변에 폭 망해 버렸어. 손위 시아재 죽고. 큰양반 죽고. 시아바이 돌아가시고. 폭 망해 버렸어. 우리 아저씨가 사 형젠데 뿔뿔이 흩어져 버렸네. 서울 가고 전주 가고. 이제는 다 괜찮아."

시댁은 현곡마을에서 손꼽히는 부잣집이었다. 시집살이라고 부를 만한 일도 없었다. 그러나 한국전쟁이 발발하고, 집안은 풍비박산이 났다. 할머니는 남편을 따라 전남 신안으로 피난을 갔다. 전쟁이 끝나고 다시 평화가 찾아왔을 때 할머니 부부는 다시 임실로 돌아갔다. 그러나 전쟁의 뒷자락은 참으로 쓰디썼다.

"고생은 말도 못해. 친정에선 잘살라고 시집보냈는데 고생한다고. 논 일곱 마지기 농사지어서 육 남매 키우느라 힘들었어."

할머니는 모든 것을 잃은 황량해진 고향에서 다시 시작했다. 할머니와 할아버지 단 둘뿐이었다. 그나마 지켜 낸 논 일곱 마지기가 있어 여섯 아이를 먹일 수 있었다. 농사일이고 집안일이고 간에 모든 일이 할머니 몫이었다. 부잣집 아들로 태어난 남편 덕에 할머니는 갖은 고생을 했다.

"할아버지 성격이 너무 좋았어. 잘생기고. 부잣집 아들로 태어나서 일을 못해. 맘이 좋아서 돈 빌려주고 못 받은 게 많아. 내가 고생깨나 했어."

할머니는 남편의 몫만큼 더 열심히 일했다. 그러나 마음 좋은 남편은 어렵게 모은 돈을 받지도 못할 사람들에게 빌려주곤 했다. 억장이 무너졌다. 어떻게 모은 돈인데. 할머니는 농사일로 몸도 고되었지만 남편 덕에 속이 썩었다.

"남편이 부모형제 간은 한번 잃으면 보덜 못하는데 여자는 잃어도 구할 수 있다고. 말은 옳은 말인데. 내가 뭔 말을 해."

지금도 과거에 남편으로부터 들은 '여자는 잃어도 다시 구할 수 있다'는 말은 아직도 잊을 수 없는 구절이다. 남편은 『명심보감』에 나오는 이야기라며 종종 할머니에게 구박 아닌 구박을 했다. 할머니는 남편 땜에 속이 상해도 말 한마디 이길 수 없었다. 서러워도 뭐라 대꾸할 수 없었다. 시절이 그랬고 세월이 그랬다.

"딸 둘이 아파서 보냈어. 다 키워 가지고. 하나는 다섯에 하나는 스물일곱에. 참 예뻤어. 키도 크고 이쁘고. 너무 예뻐서 죽었다고 했어."

사는 게 부치고 힘들어도 작은 초가집에서 아들 넷, 딸 둘과 부대끼며 사는 재미가 있었다. 그러나 그렇게 아끼던 두 딸은 할머니보다 앞서 세상을 떠났다. 자식을 먼저 보낸 어미의 마음을 누가 헤아릴 수 있을까. 이제나 저제나 두 딸을 만날 수 있을까. 할머니는 죽은 두 딸을 생각하면 지금도 눈물이 앞을 가린다.

"힘들면 딸네 집이라도 가지. 혼자 있으면 심심하고 적적혀."

유난히 외로워 보이던 할머니는 딸이 살아 있었으면 마음 무거울 때 딸이라도 보러 갔을 텐데, 갈 곳이 없어 때때로 마음이 조용하고 쓸쓸하다. 두 딸이 살아 있었다면 할머니는 철마다 농사지은 음식을 바리바리 싸들고 두 딸네 집을 신나게 오가지 않았을까. 누구에게 말 못하는 깊이 사무치는 그리움이다.

"인생 사는 게 아찔해. 사는 게 힘들어."

할머니의 남편은 십 년 전 파킨슨병으로 딸들이 있는 저세상으로 함께 떠났다. 남편은 죽기 전 두 해 넘게 몸져누워만 있었다. 몸져눕기 전에는 잘 걷지를 못해 매일 여기저기가 터지고 다쳐 성한 곳이 없었다. 할머니는 2년간 남편의 똥오줌을 받아내고 수발을 하였다. 사람들은 요양원에 보내라고 했지만, 한평생 같이 산 남편을 홀로 시설에 보낼 수 없었다. 삼 일 밤낮 사경을 헤매던 남편은 음력 유월 이십오일에 눈을 감았다. 나 홀로 두고 떠난 남편은 두 딸을 만났을까.

"일로 풀어 일로. 울면 뭐해. 속상하면 일로 풀어."

할머니는 속상할 때면 밭으로 들로 나가 일을 했다. 죽어라고 일을 하다 보면 슬플 겨를이 없었다. 때로는 밭에서 자라는 작물들이 말없이 위로해 주었다.

"싹이 날 때 제일 예뻐. 꽃 펴서 열매 맺으면 더 예쁘지."

농사일은 몸이 고되어도 매일매일 자라는 작물들 덕에 힘이 난다. 세상사 모든 일이 지치고 무거울 때 초록빛으로 틔운 싹과 노랗게 피울 꽃봉오리 덕에 지친 한숨을 거둔다.

밥숟가락에 얹힌 삶의 고단함

"혼자는 밥 먹기가 싫어서. 반찬도 없고 한 삼 일 먹으면 안 먹고 싶고."

자식들이 다 커서 독립을 하고 할아버지도 세상을 떠나고 할머니는 혼자다. 할머니의 밥상은 늘 고요하고 적막하다. 종일 밭일을 하고 해거름에 집으로 돌아오면 배는 고프지만 밥숟가락이 쓸쓸해 잘 넘어가지 않았다. 할머니의 밥숟

가락에 얹혀 있는 우주는 외롭고 고단해 보였다.

"우리 아버지가 참 점잖했지. 머리도 좋고. 역사 이야기도 많이 해줬어. 항상 보고 싶지. 지금도 보고 싶지."

할머니의 아버지는 평범한 농사꾼이었다. 평범한 농사꾼이지만 아는 것이 많아 자식들에게 항상 재미난 이야기를 많이 해줬다. 할머니는 육 남매 중 유일한 딸이었다. 다섯 아들은 모두 학교를 다녔지만 할머니는 딸이라는 이유로 학교를 갈 수 없었다. 항상 공부가 하고 싶었던 할머니는 동생들이 공부하는 너머로 글자를 배웠다. 그 덕에 학교를 다니지 않고도 글자와 책을 읽을 수 있었다.

"내가 무학이여. 그렇게 학교 가기를 소원했어. 옆에 동생들 공부할 때 나도 글자 배웠어. 올케가 깜짝 놀래. 이런 사람 못 가르쳐서 어쩐댜. 이렇게 공부를 좋아해서."

할머니와 달리 다섯 남자 형제들은 모두 교육을 받을 수 있었다. 남동생 하나는 교장선생님까지 했다. 그렇게도 공부를 좋아했던 할머니가 지금 이 시대에 태어났더라면 어땠을까. 반세기도 지나지 않은 그 시절에 딸로 태어나 엄마와 며느리로만 길러지는 세상. 내가 여자라는 이유로 타고난 재능과 기질을 펼칠 수 없는 세상. 지금의 나라고 그 시절에 태어났다면 할머니와 다를까. 아마도 다르지 않을 것이다.

"심심하면 책이나 읽었으면 좋겠다고 했더니. 상평이 엄마가 『좋은 생각』 두 권을 구해 주더라고. 그래서 다 읽었어. 드라마 〈해를 품은 달〉 그거가 너무 재밌더라고. 근데 끝날 때 봤어. 그래서 너무 보고 잡은데. 상평이 엄마한테 그

소리를 했더니 두 권을 주문해 줬더만. 한 권은 다 읽고 이제 두 권째 남았어. 바빠서 못 읽었어. 겨울에 읽어야지."

할머니는 책읽기를 좋아한다. 적적할 때 책을 읽으면 외롭지 않아 좋다. 며느리가 사다 준 『좋은 생각』은 두고두고 읽고 있다. 한가한 겨울에는 돋보기를 쓰고 책 읽는 게 사는 낙이고 즐거움이다. 요즘은 얼마 전에 끝난 드라마인 〈해를 품은 달〉 소설을 읽고 있다. 이 책도 며느리가 주문을 해줬다. 할머니는 역사 소설을 읽다 보면 시간 가는 줄 모르고 책 속에 빠져든다.

"일을 양글다고. 일 잘한다고. 길쌈을 제일로 잘했어. 베 짜고 뭣 허고. 넘의 손 안 대고 내 손으로 다해."

할머니는 동네에서 길쌈을 잘하기로 유명했다. 손이 야물다고 꼼꼼하다고 동네 사람들 칭찬이 자자했다. 길쌈은 손가락이 벗겨지고 입술이 트고 입안이 허는 고된 일이지만 사람들과 같이하는 일이라 재미가 있었다.

"길쌈은 재밌어. 방 하나에 다 모여서 노래하면서 놀면서. 허벅지랑 손가락이 다 패여 입도 까지고. 하도 베를 짜서 손가락이 휘었어. 지금은 수의만 가지고 있어. 다 팔았지."

길쌈이 끝나는 겨울이 되면 삼베 한 필이 손에 쥐어졌다. 그 한 필을 팔아서 겨우내 쓸 돈을 마련했다. 그렇게 많이 짰던 삼베도 다 제 주인을 찾아가고 할머니에게는 이제 세상 떠날 날 입을 수의 한 벌만 남았다.

"아이고 지겨워. 어떻게 살았나 몰라."

농사에 길쌈에 누에치기까지. 끝없는 농사일은 참 지겨웠다. 낮이고 밤이고 죽어라 일했더니 이제는 좀 살 만해졌다. 두 딸은 먼저 떠났지만 며느리 넷이

생겼다. 아들 넷 결혼시킬 때가 세상에서 가장 행복했다. 할머니는 이야기하는 내내 웃음을 잃지 않았다. 할머니는 쉬나리팥처럼 굳세면서도 부드러운 미소가 매력이었다. 여든이 넘은 나이에도 불구하고 총기 가득한 눈빛은 힘이 가득 고여 있었다. 그 힘 덕분에 인생 고비마다 굽이굽이 슬기롭게 잘 넘길 수 있었던 것이 아닐까 싶다.

"할머니 잘 먹고 갑니다. 건강하세요. 우리 또 꼭 만나요."

얼굴도 모르는 서울 손님을 위해 한가득 차린 밥상에다 두 손 가득 보따리를 쥐어 준다. 어떻게 지은 농사고 어떻게 만든 찬인데, 나는 고마운 마음 반 미안한 마음 반으로 어찌할 줄을 몰랐다. 감사 인사를 드리고 돌아서려는데 할머니가 눈물을 글썽였다. 고요했던 집이 잠시 떠들썩하더니 다시 조용해진다. 할머니는 언제나 오려나, 꼭 다시 놀러 오라며 마을 초입까지 배웅을 해주었다. 할머니는 항상 떠나보냈지만 여전히 떠나보내는 게 익숙하지 않은 사람처럼 먼 발치에서 조용히 우리의 뒤를 지켜봐 주었다.

붉은 만풍이 해거름에 반짝였다. 저녁바람에 옷깃을 여몄다. 현곡마을을 벗어나면서 문득 돌아가신 외할머니가 떠올랐다. 임실을 떠나는 길에 어둠이 내리고 가을바람이 더욱 기승을 부렸다. 다시는 만날 수 없어 애타는 바람이었다.

겨울

푸른독새기콩장 먹고 갑서양

제주 한림 김춘자·고란숙

  오늘은 제주의 할망 밥상을 만나러 길을 떠나는 날이다. 부산이 고향인 나는 바다를 볼 수 있는 곳이면 설렌다. 특히 제주에 갈 적이면 노상 마음이 들뜬다. 공항은 무색무취의 공간이다. 그러나 빛도 향도 없는 공항은 어디로든 떠날 수 있어 해방적인 공간이기도 하다. 평일임에도 지연 출발과 연착을 거쳐서 제주공항에 도착했다. 제주의 겨울은 서울보다 따뜻했다. 그러나 육지와 다른 축축한 섬 바람이 꽤나 거칠었다. 면허는 있지만 운전을 못하는 두 여자는 시외버스를 타고 한림읍 금악리로 향했다. 제주도의 북서쪽에 위치한 금악리는 해안과는 먼 산간 지역이다.

  한림읍의 절반 이상이 금악리다. 금악리에는 예부터 목초지가 넉넉해 공동목장이 많았다. 옛날에는 마을 사람들이 공동으로 소를 길렀던 곳이다. 그러나 금악리에 있었던 공동목장의 절반 이상은 골프장으로 변했다. 지금도 금악리는 축산업이 주를 이룬다. 제주 양돈 농가의 3분의 2가 금악리에 있다. 대개 이주농업 노동자가 농가에서 일한다.

오늘 제주에서 만날 할망 밥상의 주인공은 두 명이다. 금악리에 살고 있는 올해로 여든 하나인 김춘자 할머니와 올해로 마흔둘인 며느리 고란숙 씨다. 고란숙 씨는 시어머니인 김춘자 할머니로부터 제주의 다양한 토종씨앗을 물려받아 토종 농사는 물론 토종밥상의 노하우를 지켜 내고 있다. 제주의 밥상은 육지의 밥상과 생김도 맛도 완연히 다르다. 육지와 다른 기후, 토양, 문화로 인해 제주도 사람들은 그들만의 독특한 밥상을 차려 왔다.

"오느라 고생했어요. 마루왓농장에 오신 걸 환영합니다."

며느리인 고란숙 씨는 환한 미소로 우리를 맞이했다. 고란숙 씨는 남편과 함께 20년째 아이쿱생협의 생산자이면서 마루왓농장을 운영하는 유기 농사꾼이다. 오천 평이 넘는 농장은 유기 농사 덕에 200여 개가 넘는 작물들이 군락을 이룬다. 농장에서는 청소년들을 대상으로 제주의 토종씨앗 농사를 체험하고 수확한 씨앗으로 제주의 토종 음식을 직접 만들어 먹어 볼 수 있는 교육장을 운영한다. 교육장 일은 농사짓기만으로도 바빠 때로는 수고스럽다. 그러나 어머니의 손과 손을 거쳐 지켜 온 제주의 다양한 토종씨앗을 다음 세대인 청소년들에게 보여줄 수 있어 기쁘게 하는 일이다. 쌀이 나무에서 달리는 줄 아는 도시의 아이들은 마루왓농장에 와서 태어나 처음으로 다양한 씨앗을 직접 만져도 보고 먹어도 본다. 고란숙 씨는 아이들의 호기심 가득한 눈을 볼 때면 마음이 벅차다. 항상 일이 많지만 토종 농사 지원군인 시어머니가 있어 의지가 된다.

"특이하게 생겼죠? 요게 푸른독새기콩, 이거는 얼룩이콩, 그거는 수박태랑 오리알태."

고란숙 씨는 시할머니와 시어머니로부터 물려받은 다양한 토종 콩 농사를 짓는다. 콩 숫자만 해도 열 손가락을 넘어선다. 푸른독새기콩, 얼룩이콩, 수박태, 오리알태, 선비잡이콩, 단파흑두, 동부콩, 콩나물콩, 갓끈동부를 비롯해 열세 가지 콩 농사를 짓는다. 콩 한 알마다 생긴 모양도 빛깔도 다르지만 맛도 다 다르다고 한다. 각기 개성이 다른 토종 콩들은 농사법도 하나하나 자기만의 스타일이 확고하다.

느릿느릿 익어 가는 콩장처럼

"육지부 백태랑 다르게 푸른빛이 돌아요."

제주의 대표 토종 콩인 푸른독새기콩은 말 그대로 색이 푸르다. 초록빛이 연하게 감도는 푸른독새기콩은 제주에서 된장을 담글 때 사용한다. 독새기는 제주 방언으로 닭 새끼, 즉 달걀이라는 말이다. 푸른독새기콩은 다른 콩들과 달리 동그랗지 않고 타원형의 길쭉한 생김새가 정말 달걀처럼 생겼다. 다른 콩들처럼 6월에 심어서 10월 말에 수확한다.

"육지부 된장이랑 제주 된장은 달라요. 일본 미소된장 아세요? 그거 중간이라고 보면 돼요."

고란숙 씨는 우리가 보통 먹는 된장과 제주의 된장이 많이 다르다고 했다. 그 이유는 무엇보다 기온이 다르기 때문이다. 육지와 달리 한겨울에도 영하의 온도로 거의 내려가지 않는 제주에서 된장의 발효 속도는 꽤 빠르다. 제주 된

장은 발효가 빠르기 때문에 일 년을 묵히고 난 다음 해에 바로 먹는다. 삼 년 사 년 오래 두고 묵혀야 맛있다는 육지의 된장과 달리 제주의 된장은 오래 두고 먹지 않는다. 육지는 정월에 메주를 띄우지만 제주는 음력 10월에 푸른독새기콩을 삶아서 메주를 띄운다. 날씨가 따뜻하기 때문에 음력 12월인 섣달그믐까지 된장을 담글 수 있다. 메주를 띄울 때도 발효 정도를 잘 고려해야 한다. 균이 많으면 썩어 버리기 때문이다. 제주에서는 메주를 띄울 때도 육지와 다르다. 육지에서는 메주 띄울 때 볏짚을 주로 사용하지만, 논이 귀했던 제주에서는 볏짚 외에도 콩깍지나 대나무를 엮어서 사용했다.

"된장 맛 한번 보세요."

농장 한편에 된장을 담은 장독이 그득했다. 장독에서 일 년간 발효시킨 푸른독새기콩 된장을 퍼먹어 보았다. 평소에 먹던 된장과 달리 맛이 고소하고 담백했다. 된장의 끝맛은 짜지 않고 달달했다. 된장인데 된장이 아닌 맛을 어떻게 설명해야 할까. 기존 된장의 묵직하고 텁텁한 맛이 없었다. 발효의 차이로 인해서인지 콩 종자의 차이로 인해서인지 모르겠지만 된장을 찍어 먹은 손가락 끝이 찐득거렸다. 제주 된장은 생으로 먹는 것이 맛이 좋다. 제주 된장은 국으로 보글보글 끓여 먹기보다 바다에서 잡아온 해산물에 풀어서 냉국이나 물회를 해먹거나 산과 들에 나는 풀과 함께 무쳐 먹는다. 특히나 제주 된장은 날것의 해산물에서 나는 비릿함을 잡아 준다. 여름이면 푸른독새기콩잎은 그것 자체로 별미였다. 냉국이나 물회에 넣어 먹거나 콩잎 그대로 된장이나 멜젓, 자리젓과 함께 먹으면 여름철 축 처진 몸에서 기운이 났다.

"농사철 지나고 콩 수확이 끝나면 몸이 많이 힘든데 그때 콩국을 해먹었어요."

푸른독새기콩장 먹고 갑서양

고란숙 씨는 옛날 제주에서는 콩 수확이 끝나고 나면 수확한 콩으로 콩국을 해먹는 풍습이 있다고 했다. 여름철 고된 농사일로 몸이 많이 축났을 때 콩국은 풍부한 단백질원으로 맛도 좋고 건강에도 좋은 음식이었다. 제주의 콩국은 육지의 콩국과는 생김이 다르고 오히려 순두부와 닮아 있다. 푸른독새기콩을 생으로 갈아서 조청처럼 끈적한 농도가 되면 끓는 물에 고스란히 넣어 약한 불로 끓여 낸다. 가을에 콩과 함께 수확한 배추와 무도 적당히 잘라 넣고 소금으로 간을 해서 먹는 제주 콩국은 비지를 걸러 내지 않아 순두부 맛이 난다.

"이거는 얼룩이콩으로 담근 된장이에요."

고란숙 씨는 다양한 토종 콩으로 된장을 담근다. 제주에선 주로 푸른독새기콩을 먹는데 얼룩이콩으로도 된장을 담았다. 얼룩이콩은 푸른 바탕에 검정 무늬가 화려하다. 얼룩이콩으로 담근 된장은 독새기콩보다 단맛이 강하고 질감이 빽빽하다. 빡빡한 얼룩이콩장은 된장으로 끓여 먹기에 적합하다.

나는 할머니들의 토종밥상을 찾아다닐 때마다 작지만 큰 경이로움을 느낀다. 어쩜 저렇게 잘 어우러지는 맛을 찾아내었을까. 할머니들의 밥상에는 제 혼자서만 눈에 띄는 음식은 없다. 제각기 서로에게 걸맞은 반찬으로 풍성한 맛을 차려 낸다. 그러나 한편 나와 할머니 사이에 메꿀 수 없는 큰 격차가 느껴져 서운하다. 공장에서 만들어져 나온 된장 맛이 나는 된장에 길들여진 도시의 우리들은 서서히 익어 가는 밥상을 기다리기가 어렵다. 돈이 되지 않는 밥상은 역설적이게도 돈을 주고 사먹을 수가 없다.

사실 시골의 할머니도 도시의 젊은이도 바쁜 일상과 일에 치이기는 매한가지다. 그러나 가장 큰 차이는 기다림인 것 같다. 지하철도 버스도 기다릴 시간이 없어 스마트폰으로 연신 차량의 시간을 확인하는 우리들은 기다리지 않는다. 우정도 사랑도 기다리지 않기에 언제나 타이밍을 맞춰야 한다. 그러나 할머니들은 바쁜 일상 속에서도 기다리고 또 기다린다. 다음 해를 기다리며 씨앗과 밥상을 준비해 왔다.

"된장국이 제일 맛 조수다게."

김춘자 할머니는 제일 좋아하는 음식으로 푸른독새기콩장으로 끓인 된장국을 손꼽았다. 제철에 나는 풀에 된장을 풀어다 파르르 살짝만 끓여 먹는 된장국은 언제 먹어도 입맛을 돋운다. 할머니는 된장국을 끓일 때나는 참외 냄새가 마냥 좋았다. 밭에서 일하다 저녁나절 집으로 돌아오는 마을 어귀에서는 멀리서도 맛난 된장국 냄새가 온 동네에 풍겼다.

"우리 며느리 된장 맛이랑 나랑 똑같아."

할머니는 며느리에게 푸른독새기콩 씨앗과 함께 된장 담그는 비법을 전수해 주었다. 며느리가 된장을 담그기 시작하면서 할머니는 더 이상 된장을 담그지 않는다. 며느리의 된장 맛은 할머니의 된장 맛을 닮았다. 할머니도 할머니의 어머니로부터 전수받은 맛이다. 된장의 맛은 세월을 따라 어미와 또 다른 어미의 손을 따라서 이어져 내려온다.

제주 산간마을 여성이 차린 밥상

보통 사람들은 제주 하면 바다를 떠올린다. 그러나 제주는 크게 해안가와 산간으로 나뉜다. 옛날부터 물이 귀한 섬에서 물을 가두어 농사짓는 논은 고산, 강정, 구좌, 종다리 마을에서나 가능했다. 나머지는 물 없이 밭에서 키우는 산듸로 농사를 지었다. 그나마 누런 산듸 쌀도 귀해 제사상에는 쌀밥 대신 보리빵을 올렸다. 밭벼인 산듸는 하얀 쌀밥과 달리 색이 누렇고 특유의 향이 강하다. 산듸는 논벼만큼 찰기는 없지만 구수한 맛이 일품이다.

"수확량은 적지. 향이 참 좋아."

산듸는 논벼에 비해 수확량은 떨어진다. 그러나 향이 강해 밥의 풍미를 살려준다. 산듸는 제주의 다른 곡식 농사처럼 밭에다 볍씨를 널리 흩트려 뿌린다. 바람이 강한 제주에서는 곡식 농사를 육지처럼 골에 줄맞추어 지을 수가 없다. 사실 밭에는 바람 때문에 골도 만들지 않는다. 평평한 땅에 여기저기 흩어지게 씨를 뿌려 놓으면 강한 바람에도 스러지지 않게 곡식은 제 스스로 서로에게 기대어 거친 풍파를 견디며 자란다.

"산듸는 유죽 해먹으면 고소해."

김춘자 할머니는 유죽인 들깨죽을 만드는 데 산듸가 빠져서는 안 된다고 당부했다. 유죽을 만드는 순서는 먼저 토종 들깨를 껍질째로 빻아서 보자기에 넣어 물에다 빤다. 걸쭉해진 물을 끓여서 산듸를 넣어서 푹 끓인다. 배지근해지면 코소롱한 맛이 일품이다. 유죽을 한입 먹으면 구수한 기름기가 들큰하게 속을 달랜다. 제주 토종 들깨는 껍질이 질겨서 기름을 짜먹거나 가루를 만들

어 먹지 않는다. 보통 들깨로 죽을 만들어 먹거나 깻잎을 먹는 정도다.

"쌀보다는 메밀을 많이 먹었어."

할머니는 요즘은 쌀밥보다 메밀이 더 귀하지만 옛날엔 쌀이 귀해 메밀이 주식이었다. 제주의 중산간 지역은 땅이 척박하여 벼농사를 짓기가 어려웠다. 중산간 지역 사람들은 감자, 메밀, 콩, 팥 등의 농사를 지어 왔고 주식은 메밀이었다. 귀하디귀한 쌀은 농사지은 감자나 메밀과 교환해서 먹었다. 특히 메밀범벅은 바쁠 때 자주 찾아 먹던 간식이자 주식이었다. 11월 말, 12월 초 수확한 메밀을 도정하고 나면 부드러운 메밀쌀 외에 거친 느쟁이가루인 메밀겨가 남는다. 느쟁이가루로 만든 메밀범벅은 밭에서 일하다 밥 대신 먹는 새참이었다. 농사일 하다 말고 잠깐 걸터앉아 손에 묻은 흙먼지를 탈탈 털어 내고는 손으로 메밀범벅을 떼어 먹었다. 메밀범벅에 김치 한 켜 찢어서 얹어 먹으면 감칠맛도 좋지만 주린 배를 채우는 고마운 밥이었다.

메밀범벅은 제철에 난 밤고구마나 무를 먹기 좋게 썰어서 끓는 물에 넣어 익힌다. 자작한 물에 고구마나 무가 익으면 불을 끄고 느쟁이가루를 넣는데 이때 젓지 않고 잠시 그대로 놓아둔다. 그 다음 하얀 가루가 없어질 때까지 손으로 섞어서 치대면 메밀범벅이 완성된다. 메밀범벅은 식을수록 탱탱해져서 쫄깃한 맛이 일품이다. 범벅을 손으로 뜯어서 김치며 장아찌를 올려 먹으면 계속 먹어도 물리지 않는다. 특히 느쟁이가루에는 쌀보다 영양분이 많아 요즘은 건강식으로 먹기에 좋다. 쌀이 귀했던 제주에서 메밀은 없어서는 안 되는 중요한 음식이었다.

"산후조리 할 때 메밀조배기를 미역국에 넣어 먹어요."

고란숙 씨는 두 아들을 낳고 메밀조배기 미역국을 먹었다. 메밀은 지혈, 조혈 작용이 뛰어난데 제주에서는 산모들이 메밀가루를 마시거나 미역국에 메밀조배기(수제비)를 넣어 먹는다. 이렇게 하면 나쁜 피가 빠져나오기 때문이다. 이런 메밀의 효능 덕분에 과거에 몽골 사람들은 제주 사람들의 피를 말리기 위해 빙떡을 만들어 먹게 했다고 한다. 그러나 제주 사람들은 슬기롭게도 빙떡에 무를 섞어 넣어서 빙떡의 부족한 영양분을 보완했다. 제주에서는 제사나 명절 때 메밀로 묵을 쓰고 빙떡을 만들었다. 메밀묵은 메밀을 맷돌에 넣어 껍질을 깐 후 갈아서 풀처럼 쒀서 트랑트랑하게 만든다. 빙떡은 메밀가루를 묽게 반죽해 얇게 지져서 채 썬 무를 넣고 둘둘 말아 낸다.

"토종 메밀은 크기가 잘아서 백 평 농사에 네 포대 정도 나오나."

토종 메밀 씨앗은 참말로 때깔부터가 다르다. 토종 메밀은 요즘 개량된 종자보다 알맹이는 작고, 키는 더 크게 자라지만 맛은 정말 좋다. 메밀은 줄기가 넝쿨지며 하얗고 예쁜 꽃이 뭉텅뭉텅 핀다. 이슬이 많이 내리는 곳에서 열매를 잘 맺지만 바람이 많이 불면 메밀 농사는 잘되지가 않는다. 금악리는 고지대라 메밀을 처서 전날에 심고 보통 음력 시월 또는 십일월에 수확한다. 메밀 씨앗은 시원한 곳에 보관해야 한다.

"제주 사람은 나물을 안 먹어요."

물이 귀하고 쌀이 귀해 쌀밥은 많이 못 먹어도 제주의 밥상은 사시사철 푸르다. 육지 사람들이 봄이면 산으로 들로 종일 돌아다니며 뜯어먹는 나물을 잘 먹지 않는다. 날씨가 따뜻해서 겨울에도 농사가 잘되기 때문이다. 제주에선 맛이 좋은 배추, 상추, 깻잎, 냉이, 쑥 정도만 밥상에 올리지 약초나 나물을 찾

아서 먹지는 않는다. 김장도 없다. 일 년 내내 배추가 나기 때문이다. 김장이 없어 단 하나 아쉬운 것은 묵은지가 없다는 것이다. 이렇듯 자연과 계절이 깃든 밥상은 완벽하진 않지만 하나라도 더 내어 준다. 흰쌀밥은 귀했지만 봄, 여름, 가을, 겨울 제주의 밥상은 육지와 달리 초록빛으로 가득했다. 흰쌀밥이 따라하지 못하는 풍미 가득한 산듸와 쫄깃한 메밀범벅은 제주 섬사람들의 밥상을 넉넉하게 채워 주었다.

살고 싶어 도망치듯 떠난 섬

"제주 음식은 다 재기 끓여서 먹엉."

제주 사람들이 만드는 음식은 다 빨리빨리 해먹을 수가 있어야 한다. 나무가 귀해서 말린 보릿짚이나 깨짚으로 음식을 해먹었다. 당연히 오래 불을 피울 수가 없다. 음식을 빨리해서 서둘러 밥상을 차려야 했다. 중산간 지역은 산에 있음에도 불구하고 나무가 귀했다. 산림녹화사업으로 인해 나무를 쉽게 벨 수 없었다. 나무를 잘라 땔감을 쓸 수가 없어 솔잎을 긁어 땔감으로 사용했다. 국은 십 분을 넘게 끓이지 않는다. 멸치를 손질해 어린배추와 고추 넣고 칼칼하게 끓이는 멜국도, 전갱이 넣고 봄동배추와 된장 넣어 끓인 각재기국도 부르르 김이 끓으면 완성되었다. 화산섬이라는 환경에 맞게 발달한 제주 음식은 제주의 바다와 들이 가득 담겨 있다.

"제주서 살기 싫었어. 사는 게 박해서."

섬에서 사는 건 참으로 박했다. 물도 귀하고 불도 귀했다. 그러나 제주에서 할머니의 인생은 귀하지 않았다. 고향인 금악에서 도망치고 싶었다. 유년기의 삶은 너그럽지 못했다. 학교 문턱은 소학교에 며칠 다닌 게 다였다. 여아들을 '위안부'로 공출을 하던 때라 아버지는 학교에 가지 못하게 했다. 아홉 살부터 밭에 나가 풀을 뽑았다. 육지로 가고 싶었다. 답답한 섬을 떠나 육지로 가면 살아 낼 수 있을 것 같았다. 열다섯이 되던 해, 금악에서 모슬포까지 걷고 또 걸었다. 그 길로 모슬포항에서 배를 타고 육지로 떠났다. 제주서 입고 나온 얇은 옷이 쌀쌀한 육지 날씨와 맞지 않아 황당했다. 할머니는 무작정 큰 기와집으로 찾아가 일을 시켜 달라고 했다. 기와집에 사는 큰할머니가 아홉 식구 밥을 할 수 있겠냐고 물었다. 할머니는 열두 식구 밥도 해먹었다고 당당하게 대답했다. 월급도 필요 없고 먹이고 재워만 달라고 했다. 그렇게 대전에서 남의집살이를 시작했다.

"할머니가 너가 교육은 받았나? 야학이라도 다니라고 해서 다녔지."

기와집 큰할머니는 열다섯 살 김춘자 할머니를 안쓰럽게 여겼다. 갑장인 손녀딸은 낮에 학교를 다녔지만 김춘자 할머니는 밥을 짓고 빨래를 했다. 열아홉 살이 되던 해 다시 제주로 돌아와 장사를 시작했다. 달걀 장사에서부터 안 해 본 장사가 없었다. 스무 살이 되던 해 다시 육지로 떠났다. 대구의 방직공장에 들어가서 일을 시작했다. 또래의 여자 친구들과 종일 공장에서 일을 했다. 그래도 뭐든 할 수 있을 것 같았다.

"방직공장에서 베 인주 짜다가 어머니 죽는다 해서 갔더니 묶여서 시집갔어."

대구에서 삼 년을 지냈다. 한 날은 아버지로부터 어머니가 아프다는 전보를 받았다. 어머니가 죽는다고 빨리 내려오라고 해서 제주로 내려갔더니 갑자기 집 방문을 걸어 잠갔다. 삼 일간 집에 갇혀 있다 시집을 갔다.

"일주일 동안 맨날 울었어. 시집 안 간다고."

아버지는 여자가 스물을 넘으면 안 된다고, 이렇게 해서라도 시집을 가야 한다고 소리쳤다. 할머니는 그렇게도 도망치고 싶었던 금악으로 다시 돌아와 스물셋이 되던 해 결혼식을 올렸다. 신랑이 누군지 이름도 얼굴도 모른 채 시집을 갔다. 남편은 첫아들이 태어나고 2주 만에 군대를 갔다. 시어머니는 군대 간 남편 두고 며느리가 도망을 갈까 봐 무섭게 시집살이를 시켰다. 할머니는 지금도 시어머니를 생각하면 무섭다고 했다.

금악에서 사는 게 참 싫었다. 한국전쟁과 4·3 항쟁을 겪으면서 목숨을 부지하는 것만으로 감사해야 했지만 그게 다 제주에서 산 탓이라 생각했다.

"동굴 가서 자고 숲에 가서도 자고 덤불에서도 자고."

1948년 4·3 항쟁이 일어났다. 중산간 마을인 금악 사람들은 무장대와 경찰, 우익 단체의 공격과 테러 속에서 살아남기 위해 깊은 산으로 숨어 지냈다. 봄, 여름, 가을을 지나 초겨울이 되기까지 단 하루도 편히 잠을 잘 수 없었다. 결국 11월 20일경 금악면에는 마을 소개령이 내려졌다. 군인들은 마을 사람들을 한곳에 모아 놓고 마을을 떠나라고 했다. 마구잡이식 토벌로 모든 것이 불타올랐다. 할머니가 살던 마을은 순식간에 잿더미로 변했다.

"집이고 뭐고 다 불타서 맨발로 도망갔어. 신을 것도 없는 채로 해안마을까지 도망갔어."

해안가 마을로 피난을 가는 것도 편치 않았다. 먹을 것이 없어서 삭힌 감자 찌꺼기에다 보릿가루를 섞어서 먹었다. 제주 4·3 사건은 특히나 산간 지역 사람들의 피해가 더 컸다. '산사람'들은 척박한 곳에서 가난하게 살아온 산간마을 사람들의 터전 곳곳에 숨어들었다. 당시 공부를 좀 한 사람들은 모두 산사람으로 낙인 찍혔다. 군인들은 빨갱이라며 산사람을 죽였다. 왜 그렇게 죽여 댔는지 할머니의 남동생도, 시할아버지도, 시어머니의 오라방도 모두 4·3 때 목숨을 잃었다. 언제 죽었는지를 알 길이 없어 생일날에 제사를 지낸다. 할머니에게 고향은 아름다운 곳이 아니었다. 사납게 불타 버린 곳, 남동생이 죽어 간 곳, 살아남기 위해 그곳에서 멀리 더 멀리 도망쳐야 했다.

친정보다 여기 산 날이 더 많수다

할머니의 며느리인 고란숙 씨는 농촌기술센터 교육에서 남편을 만났다. 제주의 바닷가 마을에서만 살다가 중산간 금악리로 시집왔다. 산골로 시집을 오니 밥상은 말간 된장국과 풀로 가득했다. 시집와서 시할머니와 시어머니로부터 물려받은 토종씨앗으로 농사를 짓기 시작했다. 남편과 함께 짓는 유기 농사는 돈벌이가 안되었다. 상황이 좋지 않았다. 벌써 자식은 둘이나 낳았는데 빚은 늘어 갔다.

"우리 둘째 현찬이 덕분에 낙천적으로 살아요."

고란숙 씨는 살면서 가장 힘들 때가 두 번 있었다. 한 번은 큰아들이 태어났을 때, 아이는 태어나자마자 숨을 쉬지 못했다. 의사는 아이가 살 수 없을 거라고 했다. 그러나 다행히 아들은 고비를 넘겼고 지금은 누구보다도 건강하다. 두 번째 고비는 둘째아들이 네 살이 되던 해 자폐 진단을 받은 것이다. 하늘이 무너졌다. 얼마나 슬펐는지 살 용기가 나지 않았다. 하루는 두 아들을 차에 태우고 운전을 하면서 극단적인 생각을 했다. 그때 자폐로 인해 말도 잘 못하던 둘째아들이 갑자기 엄마를 불렀다.

"엄마 무서워요."

그때 이후로 마음을 단단히 동여맸다. 언제나 어린아이 같은 둘째아들 덕분에 이제는 낙천적으로 산다.

"시어머니는 어머니 같은 존재예요. 친정엄마보다 더 엄마 같아요."

첫째아들도 둘째아들도 모두 시어머니가 산후 조리를 해주었다. 유일하게 신랑 욕을 할 수 있는 사람도 시어머니다. 농사도 된장도 모두 시어머니에게서 배웠다. 힘들 때 다시 꿋꿋하게 살아 내는 것도 시어머니를 닮았다. 시어머니가 힘겹게 살아온 삶을 전부 이해하지는 못한다. 그러나 시어머니는 고란숙 씨의 삶을 품어 준다. 농사일에 자식 일에 울적하고 속상할 때면 시어머니는 말없이 큰 위로를 전한다. 제주의 작물들이 강한 바람을 버티기 위해 서로에게 의지하는 것처럼 인생이란 풍파 속에 시어머니와 며느리는 서로를 지지하고 있었다. 시어머니도 며느리도 어느새 친정에서 산 날보다 시집와서 산 날이 더 많아졌다.

"여성 농민은 농사짓고 사는 거죠. 비결이 있나요. 하늘 따라 가는 거죠."

고란숙 씨는 여성 농민으로 사는 게 쉽지 않다고 했다. 농사일은 물론이고 자식들 키우고 뒤치다꺼리 하느라 바쁘고 또 바쁘다. 그래도 이렇게 먹고살 수

있는 것은 다 자연이 내어 줬기 때문이다. 내 고생도 고생이지만 하늘이 함께 농사를 지어 줘서 가능했다. 제주에서 여성 농민으로 농사를 짓고 산다는 것은 순응하는 삶이었다. 누군가는 사회의 비극적인 역사를 관통하고 누군가는 삶의 비극을 견딘다. 그럼에도 불구하고 그녀들은 계절에 맞추어 씨앗을 고르고 밭을 일구면서 농부가 되어 갔다. 아픈 아이의 병을 받아들이고 품어 내면서 엄마가 되어 갔다. 그 어떤 것도 처음부터 잘할 수는 없었다. 그러나 이제는 자연에 따라 농사도, 인간관계도 적당한 온도를 맞추며 따라간다. 보이지 않지만 아주 조금씩 가벼워지는 삶이라 또 하루를 견뎌 낸다.

안동식혜 같은 인생이어라

경북 안동 고갑연

봄이 기다려지는 한겨울의 길목, 추위가 절정이었던 2월 초, 고갑연 할머니의 밥상을 만나러 안동으로 향했다. 안동은 산간 지방이라 겨울이면 유난히 더 추운 지역이다. 그래도 할머니가 사는 동네는 안동에서도 평지에 너른 들을 자랑하는 금소마을로 낮에는 따사로운 겨울 볕이 한가득 내리쬔다.

"임하면 부자는 금소리 부자라는 말이 있어요."

고갑연 할머니가 사는 안동시 임하면 금소리는 예부터 부자동네로 유명하다. '쌀밥을 먹으려면 임하로 가라'는 말이 있을 정도로 금소마을은 넓은 들에 일찍이 수도 재배와 보가 발달해 예부터 이름난 천석꾼이 많았다.

"76년도 스물아홉에 안동으로 시집왔어요."

할머니는 마산의 탁 트인 바닷가 마을에서 살다가 스물아홉 되던 해 안동으로 시집을 왔다. 앞에도 산, 뒤에도 산인 동네는 처음이었다. 안동의 풍경은 참으로 생경했다. 무엇보다도 낯선 것은 밥상이었다. 어렸을 적엔 바닷가에서 해산물만 먹고 살다가 시집와서는 갖은 나물에 밥을 먹어야 하는 것이 제일 다

른 일상이었다. 특히 지금과 같은 겨울철이면 안동의 밥상에는 말린 나물이 빠지지 않는다. 말린 무청시래기, 말린 호박, 말린 고춧잎 등 지난 가을에 말려 놓은 갖가지 채소들이 겨울의 밥상을 넉넉하게 만든다.

"겨울냉이는 딸이 아홉이라도 못 얻어먹는데, 오늘 많이 드세요. 근데 오늘 밥이 좀 질다. 내가 농사지은 토종 수수랑 잡곡 많이 넣었는데."

말린 채소들은 뜨거운 물에 데쳐서 불린 후 마늘과 간장, 들기름을 넣어서 볶아 먹는다. 냉이는 가을부터 3월까지 캐다 먹을 수 있는 유일한 겨울 나물이다.

한 상 가득 차려 주신 겨울의 안동 밥상의 또 다른 특징은 콩가루가 빠지지 않는다는 것이다.

"콩가루 간 곳은 에미가 간 곳이라는 말이 있어요. 콩가루가 빠지지가 않아요."

마산이 고향인 할머니도 이제는 안동에서 산 날이 더 오래되어서인지 밥상에 콩가루가 빠지면 아쉽다. 겨울에는 냉이를 캐다 다듬어서 콩가루를 묻혀 찐 후 간장, 참기름, 깨소금을 넣어서 무쳐 먹는다. 국으로는 겨울무를 따다가 채 썰어서 냄비에 깔고 콩가루 무친 냉이와 무청시래기를 그 위에 올려 끓여 먹는데 시원하고 달큰한 맛이 일품이다. 예부터 생선이나 육고기가 귀한 산간 지방에서 콩은 중요한 단백질원으로 농가에 귀한 음식이었다.

"안동도 콩 재배를 많이 해요. 국수 반죽에도 콩가루가 들어가고 찜에도 들어가고. 다 들어가요."

할머니 이야기처럼 안동에서는 모든 찜에 콩가루를 넣어서 요리한다. 콩가루는 메주콩, 토종 콩 등을 빻아서 사용한다. 한겨울 밥상이지만 할머니가 차려 준 토종밥상에는 갖가지 나물이 가득하다. 콩가루에다 찐 냉이나물, 호박나물, 무청시래기무침, 고춧잎나물, 고추부각, 머위잎장아찌, 파짠지 등 가을과 겨울의 들이 밥상에 오롯이 담겨 있다. 특히나 냉이나물은 향긋한 흙냄새와 콩가루의 고소함이 어우러져서 겨우내 지친 입맛을 달래 주었다.

"무슨 김치 좋아해요? 멸치젓만 넣은 김치 줄까요? 매운 김치 줄까요?"

마당 장독에 있는 김칫독을 꺼내며 할머니가 물었다. 할머니는 직접 농사지은 배추와 고춧가루, 직접 담근 새우젓과 멸치액젓으로 세 종류의 김치를 담근다. 하나는 매운 고추를 넣어 만든 '매운 김치', 다른 하나는 새우젓을 넣어 만든 '안동식 김치', 그리고 멸치액젓을 넣은 '마산식 김치'다.

"매운 김치는 아들이 좋아하고 안 매운 거는 손녀들이 먹고."

두 종류의 김치는 아들과 손녀를 위한 김치이고, 마산식 김치만이 할머니의 입맛에 맞춘 유일한 반찬이다. 마산식 김치에는 다시마, 북어, 무를 끓여서 우려 낸 육수에 젓갈, 청각, 액젓을 넣어서 만든다. 안동은 검은빛이 나는 액젓이 아닌 맑은빛이 나는 새우젓으로만 김치를 담근다. 겨우내 차가운 땅에 묻혀 있던 할머니의 김치는 시원한 겨울의 맛을 가득 담고 있다. 적당히 익어 아삭한 토종 조선배추의 식감은 매콤한 김치의 향과 잘 어우러져 김치를 먹는 내내 입 안 가득 침이 고였다.

"무청시래기도 잘 말리면 맛있는 음식인데 바닥에 패대기치면 쓰레기라 못 먹어요."

할머니는 먹고사는 게 중요한데 무엇을 어떻게 먹을 것인지도 중요하다고 했다. 좀 못생기고 작아도 건강하게 키운 제철 음식을 먹어야 한다. 그러나 요즘

은 예부터 먹어 왔던 음식들을 사람들이 찾지 않아 아쉬울 따름이다.

"이쁜 홍시만 골라서 손녀들 먹였는데 이젠 안 먹어요. 너무 안타까운 거예요."

겨울이면 손녀딸에게 감으로 만든 홍시를 먹였다. 못생긴 건 할머니, 할아버지 두 내외가 먹고 제일 이쁜 홍시만 골라 손녀딸 입에 넣어 줬다. 홍시를 좋아했던 손녀딸은 이제 더는 홍시를 먹지 않는다. 한겨울에 생산된 하우스 딸기의 단맛을 본 이후 더는 홍시를 찾지 않는다. 한겨울에 기름보일러를 돌리고 수입 벌을 풀어서 키운 딸기는 가격도 비싸지만 철이 없는 농사다. 할머니는 계절에 맞게 먹어 왔던 음식들을 지켜 나가길 원했다.

"내 배 부르면 밥 차리기 싫고, 배고프면 밥 차리고 싶고. 빨리빨리 차려 내요."

할머니에게 어떤 반찬을 좋아하냐고 묻자 할머니는 우문현답을 해주었다. 농사일로 바쁜 일상에 좋아하는 반찬이나 음식이 무슨 소용인가. 그때그때 산과 들에서 나는 것들로 빨리 밥을 차려 먹고 또 밀려 있는 일을 해내야 하는 것이 여성 농민의 삶이다. 사실 밥상을 차리는 것은 여성에게 부과된 성역할이자 힘든 노동이다. 지금도 음식을 장만하는 가사노동을 담당하는 것은 대부분 여성들이다. 먹방과 쿡방이 유행하는 요즘 시대에 누군가에게 요리는 여유로운 취미일 수 있지만, 매일 누군가의 밥상을 차려야만 하는 여성들에게는 수고로운 일인 것이다.

매콤달콤 시원칼칼한 안동식혜 같은 인생

안동의 토속음식으로 빠질 수 없는 것이 바로 안동식혜다. 할머니는 처음 안동에 시집와 얻어먹은 안동식혜의 맛을 잊을 수 없다.

"식혜에 든 땅콩만 집어 먹었어요."

처음엔 먹을 줄 몰라 안 먹었던 안동식혜를 요즘은 자주 해먹는다. 안동식혜는 무엇보다도 무가 맛있어야 하고 짧은 발효 과정을 거치기 때문에 겨울이 제철인 음식이다. 안동식혜는 보통 우리가 식혜라고 부르는 감주와는 다르다. 1월, 2월 추운 겨울에 해먹는 안동식혜는 발효식품으로 생강, 엿기름, 찹쌀, 고춧가루 등이 주재료로 들어간다. 옛날에는 쉽게 구하기 힘든 재료들이다 보니 안동식혜는 원래 임금과 양반이 먹던 귀한 음식이었다.

"고두밥을 먼저 만들어요. 이래 재료를 미리 준비했어요. 만드는 거 잘 보세요."

고갑연 할머니표 안동식혜 만드는 비법이다. 반나절 이상 불린 찹쌀을 전기밥솥에다 밥을 안치고 고두밥을 만든다. 그동안 베보자기에 싼 엿기름을 치대어 엿기름물을 만들고 무는 채를 썰거나 깍둑 썬다. 요즘은 보기 좋으라고 당근도 깍둑 썰어 넣는다. 엿기름물에 생강즙을 넣고 고춧가루를 넣은 베보자기를 곱게 치대어 붉은색을 낸다. 이때 매운맛의 농도를 잘 맞추어야 한다.

"고춧가루가 많이 들어가면 좀 많이 칼칼해요."

옛날엔 항아리에 담아 아랫목에 두어 발효시켰다. 요즘은 전기밥솥에 지은 고두밥에 무와 당근을 썰어 넣고 고춧물로 붉게 색을 낸 엿기름물을 부어 잘

섞은 후 전기밥솥에 보온으로 네 시간 정도 삭힌다. 이 과정에서 발효가 진행된다. 네 시간가량 삭힌 식혜는 차가운 곳으로 바로 옮겨서 식혀야 한다. 안동식혜는 만들어 하루가 지나고 바로 먹을 수 있다. 무가 많이 들어갈수록 시원한 맛이 강하다. 옛날엔 무채를 썰어 넣어서 숟가락으로 퍼먹는 맛이 있었지만 요즘은 모양을 내느라 얇게 깍둑썰기로 넣는다.

"이게 살얼음이 끼면 맛있어요. 천연 음료수도 되고 소화제도 되고."

할머니표 안동식혜의 특징은 설탕과 같은 감미료를 넣어 단맛이 배가 되게 만드는 것이다. 완성된 식혜에는 잣, 땅콩과 같은 고명을 띄워서 먹는다. 안동식혜는 겨울무의 시원한 첫맛과 생강과 고춧가루의 맵고 칼칼한 뒷맛에 이어 엿기름과 찹쌀로 인한 단맛이 특징이다. 또한 발효식품이라 소화에도 좋다. 예전부터 안동 양반들의 잔치 음식에 입가심으로 만들어 먹었다고 한다.

"인생이 안동식혜 같아요. 그러면 좋겠어요."

매콤달콤 시원칼칼한 안동식혜는 마시면 마실수록 시원한 맛이 일품이다. 그래서일까 속이 답답하고 목이 메어 넘어가지 않는 밥도 안동식혜 한 술이면 꿀떡 삼킬 수 있었다. 시부모님 모시고 자식들 챙기며 농사짓고 밥 차리는 고된 일상 속에서 어찌 매일 밥순갈이 잘 넘어갔겠는가. 할머니는 스물아홉에 바닷가 마을에서 산골로 시집와 입에도 못 대던 안동식혜를 이제는 자주 찾게 되었다. 예순여덟의 고갑연 할머니는 굽이굽이 흘러온 마흔 번의 사계절 동안 씨앗을 심고 거두고 그 씨앗으로 다시 밥상을 차려 내며 굳건히 살아 내었다.

"낙천적으로 살아요. 먼 데 있는 걱정 땡겨서 안 살아요."

바위에 깨어지고 부서지는 파도 같았던 인생

"나는 국민학교만 졸업했어요."

할머니는 육 남매 중 위로 오빠가 하나 있는 맏딸로 태어났다. 한국전쟁 직후 고아들 속에서 국민학교를 다녔다. 중학교에 가고 싶었지만 오빠만 중학교에 갈 수 있었다.

"나는 동생들 업어 키워야 해서 책 한번 펴보질 못했어요."

맏딸이었기에 엄마를 도와 동생들을 돌보고 집안일을 도왔다. 그래도 살던 집 주변에는 바다도 있고 갯벌도 있어 부자는 안 되어도 산촌보다는 먹고사는 게 어렵진 않았다.

"봄이면 바지락 캐고 겨울이면 굴 캐고."

바다가 주는 대로 밥상을 차려 먹었다. 목이 멜 때면 탁 트인 바닷가에 나가 부서지는 파도를 하염없이 바라봤다. 남편은 마산에서 진해사관학교를 짓는 공사 일을 하는 인부였다. 남편은 오촌당숙 이모 집에서 하숙을 했는데, 당숙 이모는 남편이 성실하고 반찬 투정도 안 하는 됨됨이가 좋은 사람이라며 할머니에게 소개해 주었다.

할머니는 스물아홉 되던 해 마산에서 안동으로 시집을 와 시아버지를 따라 처음 농사를 배웠다. 처음 짓는 밭농사에 손은 낯설었고 시어머니로부터 배우는 음식들은 죄다 산과 들에서 난 반찬이었다. 산간 지방인 안동의 음식은 맵고 짰는데 그중에서도 시집살이가 참 매웠다. 밥을 먹을 때마다 해산물이 먹고 싶었다.

"첫째 낳고 서른두 살 때 애기 아빠가 사우디로 갔어요. 빚 갚으러."

남편은 결혼하고 삼 년이 지난 후 사우디로 일하러 떠났다. 남편의 빈자리는 고된 일들로 채워졌다. 한번은 시아버지와 수수밭에 밭을 매러 갔는데 시아버지는 며느리에게 돌을 골라내라고 했다. 수수밭에 가득한 돌 때문에 서 있기만도 발이 아팠다.

"발도 너무 아프고. 아버지 몇 고랑은 버려요. 이래 말하니까 시아버지가 너는 저 그늘에 가서 앉아 있거라. 호미로 돌을 파기 시작하는 거라."

남편이 사우디를 다녀와서야 겨우 시부모님이 진 빚을 다 갚았다. 시부모님의 빚을 다 갚고 나서야 큰아이가 여섯 살, 작은아이가 두 살이 되어서야 결혼식을 올릴 수 있었다.

"그러고는 평생 빚만 갚고 살았어요. 평생."

시아버지는 일흔에 전립선암 진단을 받았고 사 년 후 수술을 받았다. 그러나 시아버지는 일흔아홉이 되던 해에 다시 직장암 진단을 받았다. 병원비는 모두 두 내외 차지였다.

"수술 받고 3개월을 더 살고 돌아가셨어요. 깨 한 말 지고 가서 약 한 재 지으면 돈이 없고, 깨 서 말 팔면 병원비 낸다는 말이 있거든요. 옛날에 농촌에는 제대로 된 의료보험이 없었어요."

결국 수술비와 병원비는 고스란히 빚으로 남았다.

"시아버지가 돌아가실 때 내가 잘못한 것만 생각나더라고요."

남편이 부모 빚을 갚기 위해 부인과 자식 곁을 떠나 멀고 먼 사우디로 떠났고, 삼 년의 이주노동으로 겨우 빚을 갚았다. 그러나 아버지의 두 번에 걸친 큰

수술은 또 다른 빚을 남겼다.

"그때는 집배원 오는 게 너무 싫었어요. 오토바이 소리가 스르르 나면 스트레스가 말도 못했어요. 노이로제가 걸렸어요."

할머니의 눈시울이 붉어졌다. 빚 독촉 우편물이 날아올까 싶어 집배원이 올 때면 신경이 곤두섰다. 할머니의 젊은 시절은 빚과의 전쟁이었다. 아무리 노력해도 빚에서 벗어날 수가 없었다. 한번은 사과 값이 폭락하면서 수천만 원의 빚을 지게 되었다. 그때를 생각하면 머릿속이 유리가 깨어지듯 산산이 부서지는 것 같다. 할머니는 죽고 싶어도 남의 돈을 갚고 죽어야 된다는 생각으로 죽을힘을 다해 빚을 갚았다.

"엄청 힘들어서 아무 길도 안 보이더라고요. 뭐라도 해야지. 뭐라도 해야지."

빚 갚으려고 농사일을 그만두고 1년을 휴대폰 공장에서 일했다. 평생 농사만 짓던 사람이 공장일을 하는 건 쉽지 않았다. 컨베이어 벨트 위를 이동하는 부품을 하나라도 놓쳐서는 안 되었다.

"야근이 피 말리더라고요. 나는 농사짓는 게 적성에 맞아요."

해가 뜨면 농사짓고 해가 지면 일을 끝내는 농사일과 달리 공장일은 밤에도 매여야 하는 일이었다. 그래도 몇 년 고생해서 겨우 빚을 갚았다. 더 이상 농협으로부터 빚 독촉장이 날아오지 않았다. 그러나 공장에서 일 년 일하느라 농사를 짓지 못했더니 그새 땅이 망가져 다시 땅을 살리는 데 삼 년이 걸렸다.

"돈이 나가면 사람을 치고 나가는데 사람이 죽지 않은 게 다행이에요."

할머니는 빚에 시달리던 때에 아무도 죽지도 다치지도 않은 게 다행이라며 가슴을 쓸어내렸다.

할머니는 안동으로 시집와서 너무 고생을 많이 했기에 자식한테만은 그 고생을 물려주지 않으려고 새벽잠을 잔 적이 없었다. 평생 새벽 다섯 시만 되면 저절로 눈이 떠진다.

"아들 결혼할 때 집을 구해 주고 싶은데 돈이 없어서 못 구해 줬어요. 자식한테 미안하기 짝이 없더라고요. 우리 전철을 안 밟게 하려고 그렇게 열심히 살았는데."

할머니는 눈물을 흘리기 시작했다. 잠시간 정적이 흐르고 할머니는 다시 말을 이어 갔다.

"그래도 인생은 육십부터인 것 같아요."

할머니는 평생 땅을 빌려서 농사짓다 최근에 처음으로 650평 땅이 생겼다. 땅을 사고 얼마나 기뻤는지 모른다. 환갑 넘어서 땅이 생겼으니 할머니는 이제부터 인생 시작이라고 말했다.

"신랑이랑 아프지 말고 건강 챙기고 살자고. 다 길은 생기니 건강을 챙기자고."

슬픈 노래를 부르면 슬퍼져서 신나는 노래만 듣는다는 할머니가 가장 좋아하는 노래는 이태호의 〈사는 동안〉이다. 속상할 때면 한번 크게 울어 버리고 돌아서서는 이태호의 노래를 부른다.

"있으면 있는 대로 없으면 없는 대로 내 몫만큼 살았습니다. 기쁜 대로 슬프면 슬픈 대로 살으렵니다."

할머니는 휴대폰에서 흘러나오는 이태호의 노래를 따라 부르기 시작했다. 노래 사이 반주만 흘러나오는 멜로디에는 할머니만의 가사를 붙여 노래를 흥얼

거렸다.

"누굴 찾아 여기 왔나 낯설은 타향에. 울려고 내가 여기에 왔나."

농민들이 씨앗 없이 어찌 살겠어?

"야는 수수, 야는 양대, 야는 동부."
　할머니의 집 안 구석구석에는 씨앗이 가득하다. 거실 찬장에는 토종 옥수수, 들깨, 쥐눈이콩, 오이, 노각 씨앗이 망마다 담겨 있다. 방방마다 창고마다 밤콩, 대추콩, 줄양대콩, 동부콩, 팥, 수수 등이 병에 가득 담겨 있다. 모든 토종씨앗이 할머니의 밥상 재료들이다. 특히 토종 콩은 일 년 내내 즐겨 먹는다.
　"밤콩은 밥에 넣어 먹으면 맛이 좋아요. 조림해도 밤처럼 맛이 있어요. 야는 줄양대. 떡을 해먹으면 맛이 좋아요. 줄양대로 떡을 하면 검은 물이 세 배나 더 나와요."
　밤콩, 대추콩, 양대콩은 4~5월에 심어서 10월에 수확한다. 수확 시기가 짧은 쥐눈이콩은 6월 중순, 7월 초에 심어서 10월 초에 수확한다.
　"쥐눈이콩은 땅이 투박할수록 잘되거든요. 잘 여물어요."
　쥐눈이콩은 투박하고 척박한 땅일수록 넝쿨이 덜 지고 콩알이 잘 여문다고 한다. 밤콩은 풀을 잘 매어 주어야 해서 집 마당가 눈에 잘 보이는데 심어서 자주 풀을 매어 줘야 한다.
　"물이 중요해요. 가물면 안 되거든요."

콩 농사에서 중요한 것은 물을 제때 주는 것이다. 가물면 콩이 알알이 잘 여물지 않기 때문에 수분 관리가 중요하다. 한편 콩은 수확 시기도 잘 맞추어야 한다.

"동부콩은 비를 맞고 방치를 하면 색이 안 좋아요. 잘 들여다봐야 해요. 쥐눈이는 꼬투리가 마르면 터져 버려서 안 돼요. 대추콩은 오래 달아 두고 밟아서 까요. 양대는 싹이 잘 나니까 빠짝 말려야 해요."

할머니는 수확 시기와 방법에 대해서 하나하나 알려 주었다. 쥐눈이콩은 작은 콩알이 바닥에 다 튀어 버리기 때문에 콩깍지가 마르기 전에 수확해서 말려야 한다. 대추콩은 오래 달아 두고 바짝 마르면 수확해 밟아서 콩꼬투리를 깐다. 양대콩은 싹이 잘 나기 때문에 수확 후 바짝 말려 줘야 한다. 이렇듯 농사꾼은 씨앗의 특성을 잘 알아야 하며 제일 좋은 농사기술은 항상 들여다보는 것이다.

"콩이 땅을 뚫고 올라올 때 사랑스럽고, 넝쿨져서 떼록떼록 달렸을 때도 사랑스러워요."

할머니의 콩에 대한 사랑 이야기를 들으니 나태주 시인의 「풀꽃」이란 시가 생각났다.

'자세히 보아야 예쁘다. 오래 보아야 사랑스럽다. 너도 그렇다.'

할머니는 씨앗이 씨앗을 열매 맺기까지 얼마나 자세히, 오래도록 들여다보았을까.

힘든 토종 농사라도 농사를 지어야만 볼 수 있는 호사가 있다. 바로 열매를 맺기 전 피는 꽃들이다. 할머니가 제일 좋아하는 꽃은 줄양대꽃이다.

"야는 보라 꽃이 나비가 날개 접은 것마냥 꽃이 펴서 참 예뻐요."

수수는 연노란 꽃을 피우고 팥과 호박은 샛노란 꽃을 피우며 무는 흰색과 보라색 꽃을 피운다. 조그마한 씨앗이 제 키 한 뼘만큼의 흙을 뚫고 나와 새싹을 틔우고 꽃을 피우고 열매를 맺는 것을 보고 있자면 농사의 수고로움과 고된 밥벌이의 일상이 조금은 가벼워진다.

"약이고 뭐고 아무것도 안 쳐요. 다 손으로 해요"

할머니의 토종 농사는 손으로 시작해서 손으로 끝이 난다. 할머니는 손으로 벌레를 잡고 풀만 뽑는 게 아니라 흙도 함께 매어 주고 북도 돋아 준다. 그 덕에 땅이 부드러워지니 뿌리가 활착이 잘되고 깊고 넓게 자리 잡는다. 작물에 뿌리가 더 자라면 흙도 더 부드러워진다. 작물도 살고 흙도 살리는 상생의 기술이다. 그럼에도 불구하고 밭에 나는 잡초를 죄다 손으로 뽑을 수는 없다. 결국 작물이 잡초보다 더 웃자라게 키우는 수밖에 없다.

"농민들이 씨앗 없이 어찌 살겠어요? 지남철처럼 붙어살아야 해요."

할머니의 농사 철학은 흙과 씨앗을 지키는 것이다. N극과 S극이 떨어지지 않는 자석처럼 농사와 씨앗은 떼려야 뗄 수 없는 사이라는 할머니의 말이 마음에 와닿았다. 씨앗이 사라지면 농민도 사라진다. 씨앗과 농민이 사라지면 결국 우리의 밥상도 멸종하고 만다. 결국 밥상을 지키기 위해서는 씨앗과 농민을 지켜야 한다. 요즘은 시장에 파는 고추씨 한 봉지가 5만 원 가까이 한다고 한다. 기업에서 비싸게 파는 종자 값은 결국 소비자들에게도 경제적인 부담으로 돌아온다.

"토종은 받아서 쓸 수 있어서 매년 사지 않아도 돼 좋아요."

그러나 빚지지 않는 농사가 꿈인 할머니가 생산한 토종 농산물은 농협에서 수매가 되지 않는다. 다행히 여성농민회에서 하는 '언니네텃밭' 협동조합을 통해 토종 농산물이 판매가 된다. 남편은 돈도 안 되는 토종 농사를 짓는다고 종종 눈치를 준다. 그래도 할머니에게는 토종씨앗이 최고이다.

아가씨, 온 김에 영정사진 한 장 찍어 줘요

할머니가 갑자기 사진을 찍던 친구에게 영정사진을 한 장 찍어 달라고 부탁했다. 찍어드리겠노라 답하니 방으로 들어가셔서는 직접 만든 삼베옷을 입고 나왔다.
"이거 내가 직접 짠 거. 어때요?"
할머니가 입은 삼베옷은 일 년 내내 길쌈한 삼베로 직접 만든 수의였다. 안동은 예부터 안동포라는 삼베가 유명하다. 특히 할머니가 사는 금소마을은 안동 지역에서 직접 대마를 경작하여 길쌈을 하는 몇 안 되는 마을이다. 직접 마 농사를 지어 수확해 실을 만들고 베를 짜서 안동포 한 포가 완성되기까지는 봄부터 겨울까지 꼬박 사계절이 걸린다.
"기능보유자 1호인 김정호 할머니가 이웃이었어요. 거기서 전수받았어요."
동네 이웃인 안동포 기능보유자인 김정호 할머니에게서 안동포 기술을 전수받은 고갑연 할머니는 매년 직접 농사지은 마를 삶고 벗겨서 길쌈을 해 베를 짠다. 첫 작업은 수확한 마를 손질하는 것이다. 안동포는 어린 대마를 원료로

하는데 대마의 속껍질만 가지고 짜는 '생냉이'이기 때문에 삼베 결이 곱고 오래 간다. 봄 동안 마를 삶고 말려 손질하고 나면 여름에는 실을 만든다. 여름 내내 삼베 짜는 베틀 북에 들어가는 둥글게 말아 놓은 실타래 '꾸리'를 만든다. 삼베 짜는 실은 입속에서 태어난다.

"꾸리 만들 때는 입안이 다 헐어요. 한 삼하고 나면 지문이 다 사라져요."

실을 만들 때는 말린 마를 허벅지에 비벼다 입으로 뭉쳐서 꼬아 낸다. 그래도 한여름에는 땀이 계속 나 허벅지가 덜 아프다.

"실 삼을 때 손녀딸이 할머니 아무 맛이 없는데 왜 계속 먹어요? 하고 물어봐요."

손녀딸의 말처럼 허벅지가 헐고 입안이 헐어 가며 만들어지는 실은 아무 맛이 없다. 그래도 뜨거운 한낮의 태양과 시원한 장맛비를 거쳐 여름이 지나고 가을이 올 무렵 한 꾸리 두 꾸리 광주리에 가득 찬 실을 보면 기분이 좋다.

"실이 광주리에 불어 오르는 차는 맛이 있어요."

꾸리가 만들어지면 본격적으로 삼베 짜기가 시작된다. 베틀에 날실과 시실의 꾸리를 넣고 삼베를 짜기 시작하는데, 12월이 되어서야 1년간의 삼베 짜기 작업이 끝이 난다. 그렇게 1년을 꼬박 고생하면 40자 길이의 안동포 두 포가 완성된다. 안동포 한 포의 가격은 백만 원. 할머니는 아들 결혼할 때 보태 주려고 10년간 삼베를 짜 2천만 원을 모았다. 그러나 이 돈도 아들에게 보태 주지 못하고 결국 빚을 갚는 데 썼다.

"친정엄마가 그렇게 거북한 거를 어떻게 하냐고."

친정엄마는 마산에서 안동으로 시집와 길쌈하는 딸을 참 애처로워했다. 10

안동식혜 같은 인생이어라

년 넘게 삼베를 짜서 남은 것은 직접 만든 부부의 수의 한 벌씩이다.

"다시 태어나도 여성 농민으로 살고 싶어요."

새벽잠 줄여 가며 열심히 살아도 빚만 지는 농사를 해왔던 할머니는 그래도, 다시 태어나도 여성 농민으로 살고 싶다고 했다. 할머니는 환갑이 다 되어서 여성농민회에 가입했다. 안동 임하면에 면지회가 생기면서 다른 회원의 권유로 가입했다.

"그냥 회원 한다고 했지 앞설 생각은 못했어요. 가방끈이 기나 사회생활이 기나. 우연찮게 안동시 회장 3년 반, 경북도 회장 2년 하고 이젠 중앙부회장까지 맡게 되었어. 여성농민회 하면서 내가 늦게나마 깨였어."

할머니는 우연히 가입한 여성농민회에서 활동하며 전국 부회장까지 맡게 되었다. 여성농민회 활동을 하면서 할머니가 계속 지어 왔던 토종씨앗 농사가 여성 농민의 역할과 권리를 지키는 중요한 농사라는 것을 깨닫게 되었다.

"땅만 파고 농사지었다면 이런 생활은 꿈도 못 꾸지. 여성농민회 들어가니 농사짓는 사람이 저래 똑똑하나 싶더라고. 열 명 모인 곳 가면 이만큼 시야가 넓어지는데, 백 명 모인 곳 가면 더 시야가 넓어져."

할머니는 여성농민회 활동을 하면서 아무리 열심히 농사지어도 빚을 지게 되는 것이 농민 개인의 탓이 아니라 사회적인 문제와 연결되어 있다는 것을 이해할 수 있었다. 그리고 혼자가 아니라 함께 다 같이 목소리를 내면 대안을 찾을 수 있다는 것도 몸소 느끼게 되었다. 할머니는 여성농민회를 하면서 힘도 받고 힘도 주는 좋은 여성 농민 동지들을 만난 것에 참 기뻐했다.

"내가 영어를 못하는데 아는 영어 단어 세 가지가 있어. 에프티에이(FTA), 더

블유티오(WTO), 티피피(TPP)!"

할머니도 아는 자유무역협정과 조약들 덕분에 한국의 밥상은 다양한 수입 농산물로 차려지고 있다. 수입 먹거리들은 대부분 정부나 기업의 보조금 지원으로 인해 국내에서 생산되는 먹거리보다 가격이 저렴하다. 결국 국내에서 생산된 먹거리는 가격 경쟁력에서 밀리게 되고, 이는 농민과 어민들의 생존을 어렵게 만든다. 소비자는 저렴한 수입 먹거리를 구매함으로써 당장에는 가계 경제에 도움이 될 수 있지만, 밥상의 안전과 나의 건강을 생각한다면 이는 독사과일 수 있다. 이러한 어려운 상황 속에서도 할머니는 오늘도 꿋꿋하게 토종씨앗을 심는다.

"먼 데 걱정 땡겨 하지 말고, 안 되는 것은 잊고 살아."

오지 않은 미래에 불안과 걱정을 먹고사는 우리들에게 할머니는 현재에 충실하라고, 너무 애쓰지 말라고 위로를 전했다. 정년이 없는 농업인이라 행복하다는 할머니는 삶은 결국 스스로 살아 나가야 하는 것이라 말했다. 무엇보다도 여성 농민 스스로가 자신의 일에 자부심을 가질 것을 당부하였다.

오늘도 여성 농민, 파이팅이다.

또다시 봄

고사리 껑꺼다가 우리 아배 반찬하세

전남 순천 한숙희

다시 봄이 찾아왔다. 끝나지 않을 것 같았던 긴 겨울이 지나고, 계절의 경계는 어느새 흐릿해져 버렸다. 그렇게 산천은 봄을 맞이했다. 겨우내 보이지 않았던 수많은 생명들은 어느새 제 집으로 돌아와 싹을 틔웠다. 지천이 푸르고 또 푸른 어느 봄날, 우리는 또 다른 비밀을 알려 줄 할머니를 찾아서 전남 순천으로 향했다.

용산역에서 KTX 기차를 타고 구례구역에서 내렸다. 섬진강 옆에 위치한 구례구역은 순천시와 구례군의 경계에 위치해 있다. 기차역은 순천이지만, 기차역 바로 앞 섬진강 다리를 지나면 구례다. 오늘 만날 할머니는 구례구역에서 멀지 않은 순천 황전면 황학리 본황마을에 산다. 본황마을은 섬진강을 사이에 두고 구례와 접해 있는데, 누런빛을 띠는 흙이 많다고 하여 '본황'이라고 불린다. 본황마을은 봄이면 매화꽃 향기가 진동을 하고 고사리, 취나물이 넉넉히 자란다. 가을이 되면 밤과 감이 풍성하게 열리는 마을이다.

올해로 82세인 한숙희 할머니는 남편과 함께 마을이 내려다보이는 뒷산 기

흙에 지어진 집에 산다. 마을 입구에서 할머니의 집을 향해 걸어가다 보면 튼실한 닭들이 먼저 사람을 반긴다. 할머니의 집 바로 앞 텃밭 옆에는 200마리의 토종닭이 사는 반듯한 집이 있다. 보통 닭장에는 역한 냄새가 진동을 하는데 할머니네 닭이 사는 집은 아무런 냄새가 나지 않았다. 우람한 닭들은 사람은 물론 고양이도 무서워하지 않았다. 닭들은 봄 햇살에 늘어지게 자고 있는 고양이들 사이를 오가며 열심히 풀을 뜯고 있었다.

"우리 달걀이 구수해. 맛이 달라 부러."

한숙희 할머니네 유정란은 맛이 좋기로 유명하다. 일반 달걀보다 가격이 비싼 편인데도 냄새도 안 나고 맛있어서 단골이 많다. 할머니네 닭들은 낮에는 방사되어 밭이나 산에서 잡초를 뜯거나 벌레를 잡아먹는다. 닭이 먹는 밥도 100퍼센트 유기농이다. 할머니는 농기업에서 파는 사료와 약품을 전혀 주지 않고 직접 농사지은 작물과 효소로 닭을 키운다. 돈을 주고 사는 것은 왕겨와 쌀가루뿐이다. 왕겨와 쌀가루에 산에서 긁어모은 낙엽과 솔잎가루를 섞어서 닭들을 먹인다. 달걀을 위해 키우는 닭들이라 대부분 다섯 살이 넘었고 몇몇 닭은 열 살이 넘는다.

할머니네 닭들은 낮에는 밭에서 자유롭게 뛰어 놀다 밤에는 사람 집과 같은 크기의 닭장에서 잠을 잔다. 건강한 작물을 닭이 먹고, 건강한 닭이 싼 똥과 오줌은 다시 퇴비가 되어 밭으로 돌아간다. 특히 할머니는 직접 담근 유기농 매실효소와 감식초를 일주일에 두 번씩 물에 타서 닭들을 먹이는데, 천연 약제로 작용한다. 건강한 자연밥상 덕분에 그런지 할머니네 닭들은 항생제 한 번 쓰지 않았는데도 십 년 넘게 단 한 마리도 병에 걸리지 않고 건강하다.

"이뻐야라고 딴 놈들은 알을 낳아도 줍기 어려운 데 낳는데, 이뻐야는 가져 가라고."

200마리 닭 중에 할머니가 제일 아끼는 닭은 암탉 이뻐야다. 다른 놈들은 숨바꼭질하듯 알을 낳는데, 이뻐야는 허리와 다리가 아픈 할머니가 가져가기 쉬운 자리에 항상 알을 낳는다. 할머니네 닭들은 할머니의 토종 농사에 있어 중요한 일꾼이다. 닭들은 할머니를 도와서 밭에서 잡초와 벌레를 잡아먹고, 퇴비가 되는 똥을 밭에다 싼다. 서로가 서로에게 도움을 줄 수 있어 할머니도 닭도 행복하다.

어머니가 씨앗은 꼭 지켜야 한다고 그랬어

한숙희 할머니는 40년 넘게 오만 평 산에서 고사리와 밤농사는 물론 다양한 토종 농사를 짓고 있다. 할머니는 평생 씨앗은 물론 두엄, 살충제 등을 유기농으로 직접 만들어서 사용하며 자연의 속도에 맞게 순환의 농사를 지어 왔다.

"우리 어머니가 시집갈 때 씨앗 주시면서, 아무리 흉년이 들어도 씨앗은 지켜야 한다고. 씨앗은 꼭 지켜야 한다고. 씨앗이 무지하게 중요하다고 하셨어."

지금은 산골에 살고 있지만 할머니의 고향은 바다에 둘러싸인 전남 고흥군 금산면 금촌마을이다. 시집올 때 할머니의 어머니는 씨앗을 주면서 반드시 지켜야 한다고 당부했다.

"울콩이라고 옛날옛날에 오래된 거. 옥수수랑 수수, 메밀은 우리 엄마가 준 것 그대로. 이것은 조, 이것은 수수, 몽당수수가 있고 가지가 퍼진 수수가 있고 두 가지. 파란 녹두. 올깨. 팔모깨. 일반 깨는 납작해서 기름이 별로 안 나오는데 팔모깨는 그렇게 기름이 많이 나와. 없어서 못 팔아. 껍질이 얇아서 기름이 많이 나와."

할머니는 집 구석구석 보관해 두었던 씨앗들을 하나둘 꺼내 왔다. 어머니가 준 씨앗에서부터 마을 사람들에게서 얻은 토종씨앗들은 심고 또 수확한 지가 벌써 반세기가 되어 간다. 특히 할머니가 아끼는 씨앗은 팔모깨다. 여덟모의 팔각형이라 팔모깨라 불리는 토종 참깨는 껍질이 얇아서 참기름을 짜면 일반 참깨보다 훨씬 기름이 많이 나온다고 한다. 팔모깨는 일반 참깨보다 색이 더 곱고 맑았다. 할머니가 수확한 팔모깨로 짠 참기름 맛을 보았는데, 일반 참기름보다 훨씬 향이 깊고 맛이 진했다.

"이건 덩쿨콩. 옛날에 엄마가 담벽에다 올려서 키웠어. 고구마 찔 때 덩쿨콩 올려서 껍질째 찌면 맛있어. 덩쿨콩은 담이나 울타리에 올려서 키우는 것이여. 빤질빤질하니 이뻐. 쥐눈이콩. 속이 하얀 것 있고, 파란 것 있고. 울콩 이거 퍼랬을 때 껍질째 삶아서 먹으면 맛있어."

할머니는 어머니로부터 물려받은 덩쿨콩을 아직도 심는다. 덩쿨콩은 콩 그대로 쪄서 먹기도 하고, 밥에 넣거나 떡을 해먹어도 맛있다고 했다. 넝쿨콩 외에도 쥐눈이콩, 울콩 등 여러 토종 콩을 아직도 놓치지 않고 매년 심어서 수확한다. 씨앗은 꼭 간직하라는 어머니와의 약속을 지키기 위해 할머니의 밭은 오늘도 알록달록 콩들이 피워 낸 하양노랑 꽃잎이 남실거린다.

"이팥은 꽃이 노랗게 피고 대가 일반 팥보다 약한데 늦게까지 열려. 이건 꼬

투리가 잘 터지지 않고 그대로 있어서 열매가 거의 익으면 나무째로 뽑아다가 두드려. 죽도 끓이고 밥도 해먹고 고물도 하고. 이건 약팥이라 달고 맛있는 것은 없는디, 뒷맛이 일반 팥과는 좀 달라. 약팥은 짤쭉한 것 있어. 옛날부터 누가 아프거나 하면 문어나 낙지를 고을 때 이걸 같이 넣어서 먹어 약팥이라고 하지. 전에는 참 재미지게 했는디, 지금은 내가 늙어서. 해놓고도 못 챙기믄 어디 가부러."

할머니는 토종 팥이 종류마다 색깔, 크기, 생김새는 물론이고 맛과 쓰임새가 다르다고 설명했다. 이팥은 꼬투리가 잘 터지지 않아 씨앗을 놓칠 일이 잘 없다 보니 줄기째로 말려서 채종하는데, 크기가 크고 단맛이 강해 밥에도 넣어 먹고 죽이나 떡을 해먹는 데도 자주 쓰인다. 약팥은 단맛도 덜하고 크기도 작지만, 말 그대로 약으로 쓰이는 팥이라 문어나 낙지 같은 몸보신을 위한 음식에 넣어서 함께 푹 고아 먹는다.

"비법은 없고, 깨끗하게 해서 제일 좋은 것만 골라서 해놔 둬."

할머니의 씨앗 전수 비법은 제일 좋은 것만 골라서 이듬해 쓸 때까지 잘 보관하는 것이다. 크기와 색깔, 윤기가 제일 좋은 곱디고운 씨앗은 할머니의 제일 귀중한 보물이다. 아무리 배를 곯아도 농사를 위해 숨겨 둔 씨앗은 네 번의 계절을 지내고는 다시 땅으로 돌아가 더 많은 생명을 품는다.

"할머니, 무슨 음식 제일 좋아하세요?"

"나는 밥, 김치, 된장국. 나는 토종이여. 먹는 것도 다 토종 좋아하고. 항상 먹어도 싫지가 않고. 제일 편한 거야. 식성이 비슷해. 토종 시골때기. 우리 애들도 다 좋아해. 된장국, 김치."

할머니와 할아버지가 제일 좋아하는 음식은 매일 먹는 밥과 김치, 된장국이다. 누군가는 매일 같은 음식을 어떻게 먹느냐고 지겹지 않은지 반문할 수 있다. 그러나 할머니의 김치와 된장국은 도시의 밥상과 다르다. 공장에서 만들어진 된장 맛이 나는 된장과 김치 맛이 나는 김치가 아니다. 할머니가 직접 농사지어서 차려 내는 밥상은 매일 같은 것 같지만 분명히 다르다. 김치와 된장국은 계절에 따라 조금씩 바뀐다. 봄에 나는 풀이 들어가는 된장국과 가을에 나는 풀이 들어가는 된장국은 같은 된장국이지만 맛이 다르다. 계절이 차려 내는 밥상이기에 지겹지가 않다.

"메주콩 길러서 메주 만들고 된장, 간장 만들지. 직접. 콩은 큰 가마솥에다 담갔다가 푹 삶아 가지고… 참나물은 데쳐서 나물로. 참나물은 봄부터 가을까지 계속 베어 먹어. 미나리 데쳐다가 깨, 참기름, 소금, 팔모깨 넣어서 조물조물 무쳐. 간 맞아?"

할머니가 차려 준 순천의 봄 밥상은 봄의 향기가 가득 담겨 있다. 산과 들에 지천으로 자란 참나물과 미나리는 언제 먹어도 질리지 않는다. 양념 또한 단순하다. 참기름과 소금만으로 나물의 맛을 낸다. 가장 가벼운 요리법으로 깊은 맛을 낸다. 재료 본연의 기운을 살려 낸다. 봄이 왔지만 봄을 잊고 있었는데, 할머니의 밥상을 통해 다시 봄을 만난다.

"나는 고흥 금촌 바닷마을에서 살다가 산골로 와서 김, 다시마 그런 거 생각나. 해산물 먹고 싶을 때면 고향서 시아재가 고기고 뭐고 보내 줘. 나는 고사리 보내 주고."

바다가 고향인 할머니는 산골로 시집오고 나서 바다에서 나는 음식이 참 그

240 또다시 봄

리웠다. 고향에 사는 엄마가 보고 싶을 때면 엄마가 차려 주던 바다 향 가득한 밥상이 먹고팠다. 할머니는 산골 농사로 작물을 수확하면 언제나 고향인 바닷마을로 먹을 것을 부쳤다. 그 편지는 그립고 그리웠던 바닷마을에 도착한 후 다시 해산물 꾸러미가 되어서 할머니가 사는 산골로 돌아왔다.

산과 들은 거짓이 없는 내 동무

"바빠서 속상할 겨를이 없어. 먼동 트기 바쁘게 고사리를 하러 가서, 하루 종일 고사리를 하는 거야. '고사리 대사리 뜯자'도 부르고 허리가 아프면 '산아, 산아 내 산아 건강하게 살자' 노래 불러. 지어서 부르기도 하고. 나무랑 대화를 해. 여기 나무를 내가 심었기 때문에. 한 그루 한 그루 심으면서 거름 준다고 손으로 다 파버리면 손가락이 시커메져."

할머니는 봄이 되면 동이 트기도 전 깜깜한 새벽부터 고사리를 뜯기 위해 산으로 나섰다. 사오월 한철에만 수확할 수 있기에 고사리를 하루 종일 뜯고 또 뜯었다. 고사리를 하나 딸 때마다 매번 절을 하게 된다. 고사리를 뜯다 보면 하루에도 절을 만 배 이상 하게 된다. 고마운 절 덕분인지 고사리는 항상 풍년이었다.

40년 전 박정희 대통령은 농촌 경제발전을 위해 유실수를 장려했다. 당시 할머니는 뒷산에 밤나무 팔천 그루를 심었다. 할아버지는 큰 도시에서 공무원으로 일을 했기 때문에 할머니 혼자 인부들을 데리고 나무를 심고 또 심었다. 당

시 변변한 도구도 없어 맨손으로 흙을 파서 밑거름을 주고, 한 그루 한 그루 나무를 심었다. 때로는 혼자서 스무 명이 넘는 일꾼들의 밥과 간식을 직접 차려 가면서 악착같이 나무를 심었다. 힘들게 심은 밤나무이지만, 그 덕에 자식들 공부를 시킬 수 있었다.

"40년이 되니까 밤나무도 병이 들고 그러니까, 나도 병들고 너도 병들고. 그래도 너거들이 잘 살아 줘서 내가 살았다. 너거들이 결실을 잘 맺어 줘서 우리 애들 가르치고. 무사히 가정을 꾸렸다. 그렇게 대화를 하지. 나무랑 대화를 하면 너무 좋아. 굉장히 재밌어."

밤나무는 언제나 할머니의 좋은 벗이었다. 남편은 다른 도시에서 일을 했고, 아이들은 공부하러 서울로 떠났다. 혼자 지냈던 할머니는 밤나무가 있어 외롭지 않았다. 할머니는 산에서 일을 할 때면 밤나무와 대화했다. 언제나 선물을 내어 주기만 하는 밤나무는 고마운 존재였다. 할머니네 밤은 맛도 좋고 튼실하여 매번 서울 상인들에게 인기였다. 이제는 불혹을 넘긴 밤나무도, 여든을 지난 할머니도 몸 어디 하나 성한 곳이 없다. 그렇게 함께 늙어 가는 동무가 되었다. 밤나무가 있어 지금까지 잘 살 수 있었다는 할머니는 지금도 밤나무와의 대화가 참으로 즐겁다.

"거짓이 없는 게 좋아. 땅에서 산에서 나는 거는. 내가 한 대로 나는 대로 주니까."

할머니는 밤나무도, 고사리도 모두 거짓이 없어 좋다고 했다. 내가 돌보면 돌보는 대로 정직하게 다시 먹을 것을 내어 주었다. 계속해서 내어 주는 산과 들은 그 자체로 삶의 일부였다. 산과 들처럼 할머니도 정직하게 살 수밖에 없었다. 할머니는 씨앗에서부터 퇴비, 농약 등을 모두 직접 자연에서 만든다. 자연이 주는 것을 다시 자연으로 돌려주는 농사만이 할머니가 동무로서 보답하는 길이었다.

"두 번 고사리를 데쳐 낸 물을 통에 담아 두고 2년을 발효시켜서, 물과 고사리 삶은 물을 3대 1로 섞으면 벌레랑 진딧물도 잘 없어져. 화학 살충제를 쓰던 사람은 벌레가 잘 안 죽는다고 하더라고."

같은 동네 농사꾼은 화학 살충제를 써도 벌레가 잡히지 않아 곤욕이라고 하는데, 할머니는 산에서 꺾은 고사리를 삶아 그 물로 천연 살충제를 만든다. 원래 고사리에는 독성이 있는데 이 독성으로 해충을 잡는 것이다. 특히 진딧물을 잡는 데 효과적이라고 한다.

"은행잎, 자리공뿌리, 옛날에는 만병초라고 하지. 통에다 황토흙이랑 지근지근 눌러서 은행잎까지 발효를 시켜서 살충제로 쓰면 아주 좋아. 나방이나 파란 벌레에 잘 들어. 고사리 물은 고추나 채소 진딧물 잡는 데 좋고."

할머니는 고사리뿐만 아니라 자리공뿌리로도 천연 살충제를 만든다. 칡처럼 생긴 뿌리식물인 자리공은 이뇨작용과 종기 같은 염증에 효과가 좋다고 한다. 자리공 뿌리에는 독성이 있어 발효를 시켜 사용하면 나방이나 배추벌레 같은 파란 벌레를 잡는 데 효과가 좋다. 어떤 해충을 잡느냐에 따라 작물마다 사용하는 천연 농약의 종류는 각기 다르다. 말 그대로 천연, 자연에서 얻은 재료이기에 사람에게도 무해하고 땅에도 해가 되지 않는다.

"고향에서 불가사리와 지충을 조카들에게 갖다주라고 하면 말려서 두드려서 섞어서 오줌 넣어 액비로 만들면 살충제 역할을 하더라고. 땅속에 있는 벌

레, 굼벵이 같은 것이 이 퇴비를 쓰면 없어. 고구마를 심어 두면 굼벵이가 상처를 내서 이걸 쓰면 아주 예뻐. 그런데 지렁이도 없어져서 요즘에는 안 쓰지."

할머니는 바다에서 얻은 재료로도 천연 살충제를 만든다. 지총이라 불리는 바다풀과 불가사리를 말린 가루와 오줌으로 만든 액비는 고구마, 감자와 같은 뿌리작물에 해가 되는 굼벵이와 땅벌레를 없애는 데 도움을 준다. 이러한 농사 기술은 어머니에게서 또 마을 사람들에게서 전해져 내려온 전통농법인 동시에 할머니가 지난 반세기 동안 직접 실천하며 체득한 살아 있는 지식이기도 하다.

"풀은 손으로 하나하나 매지. 손으로도 매고 엉덩이로도 매고. 그래도 잘돼. 지금도 약값 안 든다니까. 종자 값도 안 들고, 비료 값도 안 들고, 암것도 안 들지. 주변 사람들은 내가 말을 안 하니까 모르지. 남들은 한 번에 30만 원씩 약값이 들더라고. 우리는 돈이 안 들어. 이렇게 수십 년이 됐기 때문에 벌레들이 살기가 어렵지. 이것은 어디가도 얘기 떳떳하게 할 수 있지. 메뚜기도 많고, 지렁이도 많아. 닭들이 열어 놓으면 얼마나 좋아하는지 몰라."

할머니는 직접 오줌을 모아서 잡풀과 부엽토를 섞어 천연 퇴비를 만든다. 석회가 부족한 땅에는 굴 껍질을 부수어 넣는 등 모든 재료를 일상의 자원들을 통해 직접 얻는다. 할머니와 같은 동네에 사는 농민들은 많은 돈을 들여서 농약, 화학비료, 종자를 구매한다. 그러나 할머니의 농사는 돈이 거의 들지 않는다. 자가 채종은 물론 퇴비와 방충제도 직접 만들어서 사용하기에 비용이 들지 않는다. 덕분에 땅이 살아나면서 밭에 사는 메뚜기와 지렁이는 함께 키우는 닭의 가장 좋은 먹이가 된다. 닭은 다시 밭에 배설물을 남김으로써, 자연스럽게 작물을 위한 퇴비가 된다. 할머니표 토종 농사법은 시장에서 사다 쓰던 외부

투입물에 대한 의존도가 낮아지면 경제적으로 큰 도움이 될 뿐만 아니라 농사의 순환 고리가 생성된다.

여든, 태풍이 불어도 끄떡없는 인생

"스물둘에 결혼해서. 그때만 해도 힘들다는 말 못하고 시키면 시키는 대로 했지. 시어머니 힘들다고 말을 못했어. 그냥 하지. 우리 친정에서는 일을 못하게 했는데. 시집오니까 나무해서 이고 댕겨라 뭣도 해라. 누에 따서 몽땅 해다가 산 비탈길을 내려오고… 할아버지랑 12월에 결혼하고는 그해 3월에 군대 가고, 군대 다녀와서 다시 대학 가고. 1학년 1학기 때 휴학하고 군대 갔으니까."

고흥 금촌 바닷마을에서 살다가 스물두 살에 산골로 시집온 할머니는 친정에서는 하지 않았던 농사일, 집안일을 억척같이 해내야 했다. 남편은 결혼한 지 3개월 만에 군대를 갔고, 군대에 다녀와서는 다시 4년간 서울에서 대학을 다녔다. 학생 신분이었던 남편은 방학이 되어도 학교 사람들과 제주도를 비롯해 전국 방방곡곡을 돌아다니느라 얼굴 보기가 힘들었다. 아이를 낳아 기르는 것도 할머니 차지였다.

한번은 남편 졸업식에 참석하려고 아이 둘을 데리고 서울로 향했다. 총각 행세를 했던 남편은 아들과 딸에게 자신을 삼촌이라고 부르라 했다. 당시 대학 동기들과 졸업 가운을 입고 사진을 찍고 있던 남편에게 어린 아들이 아빠라고 부르자, 놀라고 당황한 남편은 그 길로 가운도 벗지 않고 다시 순천으로 내려

왔다. 할머니는 남편이 학교에서 결혼한 것을 알리지 않았는데, 졸업식에서 애들 둘 있는 것이 밝혀졌으니 부끄러웠을 것이라고 할아버지의 마음을 헤아렸다. 지금은 웃으면서 넘기는 이야기지만, 그 당시엔 모두에게 상처로 남겨진 순간이었을 것이다.

"문때문때 엄마 생각이 나지. 내가 막내로 나와서 사랑을 많이 받았지. 우리 엄마는 조그마해 가지고. 생전 머리를 쪽을 지어서 항상 깔끔하게. 평생 농사 짓고. 아버지가 훈장을 해서 학교 못 간 애들 가르친다고 무료 봉사. 우리 엄마가 고생 많이 하셨지. 감당하느라고. 배고픈 사람이 바가지 들고 오면 밥해 주고."

막내로 태어나 귀염을 받고 자란 할머니는 여든이 된 지금도 엄마 생각이 난다고 했다. 본인이 엄마로서 힘들 때면 자신의 엄마를 떠올렸다. 조그마한 체구로 가족뿐만 아니라 동네에 배곯는 사람들 밥해 먹이느라 얼마나 고생했을까, 자신이 엄마가 되어서야 엄마의 노고를 보살펴 본다.

"형제들, 부모 모시고 살면서 뜻 받고 살아야 하니까 할 이야기 못하고 참고, 물질적인 것도 필요한 것을 다 채워야 하니까. 시댁 형제간이 7남매인데 우리가 맏이였는데, 아버지가 일찍 돌아가시고 우리만 대학을 나와서 한 가지도 비껴간 것이 없이 우리에게 책임이 떨어졌다. 내가 나 자신을 칭찬해. 나 참 잘 살아 나왔다고."

할머니는 7남매 중 장손인 남편을 둔 덕택에 맏며느리로서 수많은 책임과 의무를 져야만 했다. 특히 혼자만 대학을 나온 남편 또한 부모님은 물론 밑에 동생들도 책임져야 했다. 할머니도 할아버지도 시절의 무게를 져야만 했다. 그럼에도 불구하고 태풍 같았던 지난 세월 꿋꿋이 버텨 온 할머니는 스스로에게 10점 만점에 10점을 주고 싶다고 했다. 본인이 힘들게 살아왔지만 그래도 최선을 다해 살아온 것이 자랑스럽다고 했다.

"시부모님도 내가 다 모시고 살고. 그랬다. 여자로서 할 일도 해야 하고. 친정에서도 자식인데, 시댁에 가면 다시 태어나서 살아야 한다. 그 고비가 참 어려웠지만 지금 생각하면 그 어려운 고비를 잘 헤치고 나왔다 싶다. 잠이 안 오면 바닥에서부터 생각해 보는데 참 잘해 왔다 생각해. 지금은 태풍이 불어도 끄떡없다."

할머니는 자신이 살아온 인생을 쓰려고 하면 책 몇 권도 모자라다고 했다. 힘들었지만 바르게 살려고 애를 썼다. 예전엔 방학마다 손자 손녀들 일곱 명이 집으로 놀러 왔다. 저녁이 되면 손주들은 공부를 시키고 할머니는 그 옆에서 항상 조각보를 바느질했다. 할머니는 시내 한복집에서 버려지고 비틀어진 옷감을 얻어다 네모반듯한 상보를 만들었다. 일곱 개의 완성된 상보는 방학이 끝날 때쯤 손주들에게 하나씩 나누어 주었다. 손주들은 어찌 할머니는 비틀어진 옷감을 네모반듯하게 만드는지 연신 신기해 했다. 그런 세월들이 지나 여든이 되어서야, 이제는 한숙희라는 사람 그 자체로 자유롭게 살 수 있게 되었다. 여성농민회에서 하는 제철꾸러미 생산자로 참여하면서 사람들도 만나고 자유롭게 다니며 며느리도, 아내도, 엄마도 아닌 여성 농민 '한숙희'로 불린다. 여든이 되어서야 그저 참 좋은 시간이다.

"어디가도 초등학교 나왔다고 하면 다들 놀래. 그게 제일 아쉬운 거야. 한문은 쓰는데… 항상 나를 떨치고 산다는 것. 나를 높이지 말고, 남을 높이는 것.

그것이 사회의 덕이 되더라. 나를 내세우는 것이 아니라 숙이고 사는 것. 남을 더 생각하고 존경하고 서로 구분하지 말고. 있는 사람 없는 사람 구분하지 말고."

할머니는 훈장이었던 아버지 덕에 한문도 쓰고 한글도 잘 읽고 쓴다. 그러나 당시에 여자들은 고등교육을 받기가 어려웠다. 할머니는 초등학교만 졸업한 것이 지금도 못내 아쉽다. 그러나 할머니는 배움이라는 것은 단순히 학위나 학벌이 아니라 사람을 대하는 태도와 마음이 중요하다고 강조했다. 특히 사람을 구분하지 않고 차별하지 않는 것이 중요하다고 설명했다.

"할아버지가 부부 동반 동창회가 있어. 거기 가서 나보고 전남고등학교 졸업했다고 이야기하래. 그래서 어찌 사람이 그럴 수 있냐… 우리 할아버지가 술집 가시내도 고등학교 나왔는데. 그래서 내가 한숙희 학벌을 모르고 결혼했소? 한숙희를 모르고 결혼했소? 왜 그런 말을 하나."

서울대를 나온 할머니의 남편은 동네 이장에게도 또 대학 동기들에게도 할머니가 고등학교를 졸업했다고 말하고 다녔다. 할머니는 그럴 때면 학벌을 거짓말하고 싶지 않다고 본인은 초등학교를 나왔다고 더 크게 목소리를 냈다. 할머니는 거짓 없이 사는 힘, 그것 하나만으로 살아왔다.

"지금은 아무 말도 안 하고. 요즘은 할아버지가 배움이 다가 아니다. 사람이 됨됨이가 중요하고 가정교육이 중요한 것이지 학벌이, 가방끈이 중요한 것이 아니다. 그라재. 재밌소. 우리 할아버지하고 이 이야기를 하면은. 우스워 죽것소."

젊은 시절 철없던 할아버지는 이제 나서서 할머니를 칭찬한다. 할아버지는 바르고 성실하게 살아온 할머니에게 학벌은 중요한 것이 아니라고 먼저 이야기

한다. 할머니는 그런 할아버지를 놀리는 재미로 오늘도 크게 웃어 본다.

"좋은 점은 집에서 있는 것보다 여러 사람을 만나고 이야기도 듣고 하는 것이 좋고, 배우는 것도 많다. 젊은 사람들이 새로운 해법을 만들어서 배우고 재밌다. 농사는 나이가 들어 힘들어서 그렇지 제일 재밌는 일이다. 내가 정성 들인 만큼 잘되는 것이다. 거짓 없고, 땅같이 진실한 것이 없어. 곡식 해놓은 것처럼 좋은 것이 없다."

할머니는 일흔이 넘어서 가입한 여성농민회 활동이 너무 즐겁다고 했다. 젊은 사람들과 부대끼며 땅 농사도 짓고 아스팔트 농사도 짓는다. 젊은 여성 농민들이 돈 때문에 농사 때문에 힘들어하면 농사는 내가 들인 정성만큼 돌려준다고 인내를 당부한다. 특히 돈 문제에 있어서는 농사로 큰돈을 벌려 하면 안 된다고 강조했다. 농사지으러 들어와서 도시에서 쓰던 것처럼 하면 수지가 맞지 않는다는 것이다.

"마음을 급하게 생각하지 말고 느긋하게 생각하고, 거짓 없이 진실하게 살아라. 자신을 믿고 느긋하게 사는 것 그 이상은 없는 것 같아."

태풍 같았던 시절을 보내고 이제 여든이 된 할머니는 젊은 여성 농민 후배들에게 자신을 믿고 사랑할 것, 조급하게 마음을 갖지 말고 좀 더 여유를 가지고 땅을 믿으라고 굳게 말했다. 진실되게 농사를 짓다 보면 결국 땅은 다시 되돌려 줄 것이라고 했다.

"머우대하고 고사리하고 가져가서 맛있게 자드세요. 머우대는 초집에 무쳐도 맛있고, 들깨가루에 볶아서 먹어도 맛있고."

할머니는 서울로 돌아가려는 우리들에게 산에서 캐어 삶아 말린 고사리며

머우대, 달걀 등을 두 손 가득히 챙겨 주었다. 할아버지는 두 손 가득 선물을 든 우리에게 차비에 보태어 쓰라며 흰 봉투에 용돈을 넣어 주었다.

  산과 들로부터 항상 받기만 한다는 할머니처럼 우리도 할머니들로부터 받기만 한다. 지난 세월 단단하게 여물어 온 할머니의 생애 이야기 덕에 오늘도 뜨거운 마음 가득 서울로 향한다. 이렇게 마지막 취재가 끝났다. 차창 밖 아스라이 멀어지는 노을빛이 유난히도 구슬프게 반짝인다.

맺으며

　벌써 5년이 되었다. 오랫동안 책이 나오길 기다렸던 할머니들에게 고개 숙여 사과를 드리고 싶다. 2014년부터 시작된 취재는 2016년 봄에 이르기까지 꼬박 3년에 걸쳐 진행되었다. 원래 책은 2016년 겨울 늦어도 2017년 봄에 출간되어야 했다. 그러나 2016년 가을, 붉은 단풍이 만개한 어느 날 엄마가 갑작스레 세상을 떠났다. 여섯 번의 계절이 바뀌는 동안 나는 글자 한 자 덧댈 수 없었다. 할머니들이 말했던 지독한 삶의 고통을 이제야 조금 몸으로 이해할 수 있다.
　서른 중반에 엄마를 잃고 나의 모든 세상은 멈췄다. 아니 부서져 내렸다. 그 폐허 속에서 내가 할 수 있는 것은 식물처럼 숨 쉬는 것이 전부였다. 엄마의 부재라는 이해할 수 없는 세계 속에서 할머니들을 떠올렸다. 내가 농민이었다면 좀 나았을까. 할머니들은 극심한 상실의 순간에서도 어떻게 또 다른 생명을 보살폈을까. 할머니들은 어미를 잃고, 남편을 잃고, 또 자식을 잃은 미망의 상태에서도 소와 돼지, 닭을 먹이고 밭으로 나가 풀을 매었다.
　한국전쟁 이후 국민국가를 건설해야만 했던 정치적 긴박함과 산업화와 녹색혁명이라는 광풍의 시대를 살아 낸 지독했던 여성 농민의 삶은 마치 그림자 같다. 존재하지만 언제나 가려져 있다. 한국의 지배적 남성성과 가부장제의 문화 속에서 특히 여성 농민은 절대 공적 주체가 될 수 없었다. 국가라는 남성 뒤에서 여성은 누군가를 돌보고 보살펴야만 했다. 여성들의 삶이 지나간 자리에는 흔적만이 덩그러니 남겨졌다. 그것이 수상했던 시절 '여자'라는 숙명이었다.

할머니가 되어 버린 여성 농민의 숨겨져 있던 자취를 찾는 여정이자 숨겨진 흔적을 더듬어 가는 과정이었다. 씨앗과 밥상을 지켜 온 아홉 분의 할머니들을 만나면서 공통적으로 제일 궁금했던 것은 바로 할머니들의 '살아 낸 힘'이다. 어떻게 그렇게 살아 낼 수 있었을까. 그것은 땅에서 비롯된 힘일까? 어찌 견딜 수 있었을까.

결국 그 해답은 씨앗에서 모든 것이 시작된다는 것이다. 당신과 나, 우리는 모두 하나의 작은 씨앗이다. 식물이 자라서 꽃을 피웠다 지고 씨앗을 맺는 영속적인 시간 속에서 우리는 작은 씨앗 하나로 살아간다. 그러나 혼자서 스스로 자라지 않는다. 누군가 따뜻하게 보살펴 주었기에 어두운 땅속을 헤치며 생명의 싹을 틔울 수 있었다. 누군가가 물을 주고 벌레를 잡아 주었기에 한 뼘씩 커갈 수 있다. 우리는 언제나 짓밟힐 수 있고 꺾어져 버릴 수 있었지만, 누군가가 매서운 비바람을 막아 주었다.

할머니들은 바로 그 '누군가'였다. 묵묵히 씨앗과 밥상을 지키며 가족을 부양하고, 이웃과 마을을 돌보았다. 그것이 바로 할머니들의 비밀이다. 그것이 작고 작은 씨앗일지라도, 말 못하는 짐승일지라도 언제나 마음을 기울인다. 할머니가 기울여 준 마음 덕에 오늘도 할머니의 손에서는 또 다른 생명이 피어난다.

여전히 나는 길을 헤매고 있다. 이미 비뚤어진 길은 다시 제 방향을 찾지 못할 수도 있다. 그러나 할머니들로부터 배운 '살아 낸 힘'을 떠올린다. 폐허 속에서 이제야 비로소 한 발자국 내딛어 본다.